KB138321

3분 차이

2022년 1월 1일 초판 1쇄 펴냄

펴낸곳 (주)꿈소담이
펴낸이 이준하
글·그림 이주한
책임미술 오민규

주소 (우)02880 서울특별시 성북구 성북로5길 12 소담빌딩 302호
전화 02-747-8970
팩스 02-747-3238
등록번호 제6-473호(2002. 9. 3.)
홈페이지 www.dreamsodam.co.kr
북카페 cafe.naver.com/sodambooks
전자우편 isodam@dreamsodam.co.kr

ISBN 979-11-91134-13-1 03000

3분 차이

글·그림 **이주한**

안녕하세요! 우리는 우주 저 멀리에서 지구로 이사 온 알쏭이와 달쏭이입니다.

처음 지구에 도착했을 때는 모든 것이 신기하고 생소하게 느껴졌어요.
지구인에게는 사소한 것이라도 우리에게는 어렵게만 보였죠.

그런데 자세히 살펴보니 지구인들도 모든 걸 다 아는 것 같지는 않더라고요.
너무 익숙해서 알 것 같은 것도 자세히 들여다보면 모르는 거더라고요.

궁금증을 해결하기 위해 백과사전을 찾아본 분이라면 다들 아실 거예요.
궁금증을 해결하는 것보다 백과사전을 읽는 것이 더 어렵다는 것을요!

그래서 우리는 직접 궁금증을 찾아서
쉽고, 간단하고, 명쾌하게 설명할 수 있는 채널을 만들었어요.
그게 바로 〈3분 차이〉랍니다.

이 책은 〈3분 차이〉 채널에서 인기 있었던 영상 중에서 좋은 내용을 골라
갈고 다듬고 그림도 예쁘게 고쳐 만든 것입니다.
영상이 불편했던 분들은 책으로 만나보세요!

차 례

알쏭달쏭 궁금했던 일반 상식

일반 잡학

식품 상식

알쏭달쏭 헷갈렸던 전문 상식

1

가상화폐와 암호화폐는 어떻게 다를까?

요즘 매일 뉴스를 장식하는 가상화폐 소식으로
전국이 들썩들썩합니다.

경제에 대해 1도 모르는 알쏭이 달쏭이도
가상화폐에 부쩍 관심이 생겼는데요.

그런데 가상화폐는 왜 현금처럼 사용하지 않고
주식처럼 사고파는 걸까요?

가상화폐를 암호화폐라고도 부르는데요.
무엇이 맞는 말일까요?

화폐는 그 나라 정부가 가치를 보증해주는 돈을 말합니다.
정부는 화폐를 만들고 유통시키며,
그 가치가 떨어지거나 너무 오르지 않도록
조정하는 역할도 하죠.

그런데 인터넷이 발달하면서 온라인 거래가 많아져
화폐를 사용하는 것이 불편하게 되었습니다.
그래서 온라인에서 쉽게 거래가 가능한 수단이 생겼는데요.

이것을 **가상화폐**라고 합니다.

포인트, 도토리, 캐시, 상품권 등등

가상화폐는 인터넷 사이트를 운영하는 회사가 만드는데요.
현금을 바꿔 충전한 가상화폐로
온라인에서 각종 물품을 구입할 수 있습니다.
비록 국가에서 보증하는 화폐가 아니라 한계가 있지만
나름 유용하게 사용이 가능하죠.

하지만 가상화폐는 그것을 발행하는 회사의 통제를 받아야 하고,
보안이 취약해 해킹을 당할 염려도 있습니다.

그런데 최근에는 가상화폐가
전혀 다른 뜻으로 사용되고 있습니다.

바로 코인이라고 부르는 **암호화폐** 때문인데요.

암호화폐는 보안이 강한 암호로 되어 있어
그 자체로 증명이 가능한 디지털 파일입니다.

암호화폐는 정부나 회사가 화폐를 발행하지도 않고
통제도 하지 못하기 때문에 개인과 개인이
자유롭게 거래할 수 있다는 장점이 있습니다.

하지만 현재 암호화폐는 화폐 기능을 하지 않고
투자의 대상이 되어버렸는데요.
하나의 파일에 불과했던 암호화폐를 사람들이 돈을 주고
사고팔면서 주식과 비슷한 투자 상품이 된 것이지요.

주식시장은 정부가 통제를 하기 때문에
주중에 일정한 시간 안에서만 가능하지만
암호화폐시장은 24시간 365일 운영되기 때문에
투기요소가 훨씬 더 높다고 할 수 있습니다.

사실 암호화폐의 기술은 화폐뿐만 아니라
다른 분야에서도 활발하게 사용할 수 있습니다.

오히려 암호화폐란 이름 때문에 더욱 혼란이 생기는데요.
최근에는 혼란을 막기 위해 이름을 바꿔야 한다는
의견이 나오고 있습니다.

정리하면
가상화폐는 온라인에서 화폐로 사용할 수 있는 것을 말하고,
암호화폐는 디지털 암호기술로 만들어진 파일로
화폐보다 투자자산의 기능을 하고 있습니다.

2

FBI와 CIA,
어떤 차이가 있을까?

미드 첩보물이나 수사물을 보면 단골로 등장하는 사람들이 있죠?

바로 FBI입니다.

사건이 발생했을 때 선글라스와 검은 정장 차림으로
경찰 앞에 나타나는 사람들이죠.

그런데 미국에서는 이와 비슷한 사람들이 또 있죠?

바로 CIA인데요.

이들도 역시 정장을 입고 어디에선가 툭 튀어나와
사건을 지휘하려 합니다.

얼핏 보면 비슷해서 구분이 잘 안 가는데요.

FBI와 CIA, 이들의 차이는 무엇일까요?

Federal Bureau of Investigation

FBI는 **'연방수사국'**을 말하는데요.

미국 법무부 산하에 있는 수사기관입니다.

FBI는 미국 내의 사건을 주로 담당하며,

테러 간첩 범죄조직 대형부패 납치

테러, 간첩, 대형부패사건, 납치 등
주정부가 다루기 어려운 대형 사건을 수사하고 있습니다.

Central Intelligence Agency

그럼 CIA는 무엇일까요?

CIA는 **'중앙정보국'**이란 뜻으로
미국 대통령 직속의 행정부 독립기관입니다.

CIA가 주로 하는 일은 국외 정보수집 및 첩보,
비밀공작 등입니다.
한마디로 해외 업무가 많죠.

FBI와 CIA는 정보요원들이기 때문에 당연히
비밀리에 일을 처리합니다.

그런데 미드나 영화를 보면 왜 지역 경찰과
실랑이를 벌이는 장면이 자주 나올까요?

위에서
왔소.

푸벅-

우리나라라면 전혀 다른 풍경이 벌어졌을 텐데요.

단일국가

연방국가

그 이유는 우리나라와는 많이 다른 미국의 행정체계 때문입니다.

미국은 50개의 주가 모인 연방국가이기 때문에
지방 경찰의 힘이 강력합니다.

미국은 도시 단위로도 자치경찰을 운영하고 있는데요.

영화나 드라마에 자주 나오는
로스앤젤레스 경찰국과 뉴욕 경찰국이 아주 유명하죠.

이렇게 강력한 자치경찰이 지키는 구역에 낯선 사람이
숟가락을 얹으려고 하니 당연히 불편할 수밖에요.

이처럼 미국의 여러 기관들은 수직적 관계가 아니기 때문에
업무가 중복되거나 상호간 경쟁이 일어나기도 합니다.

우리 힘을 합쳐볼까!

＊실제로는 서로 협조를 잘한다고 합니다.

만약 해외에서 활동하던 테러리스트가 미국 뉴욕에 잠입했다면?
NYPD와 FBI, CIA가 모두 출동할 수 있겠죠?

정리하면 FBI는 연방수사국으로
법무부 소속이며 국내 문제를 수사하는 기관이고,
CIA는 중앙정보국으로 대통령 직속 기관이며
국가안보와 해외정보를 수집하는 정보기관입니다.

팬데믹이란?

코로나19가 전 지구에 확산되면서 생소한 단어가 뉴스에 자주 등장하고 있습니다. 바로 팬데믹이란 단어인데요. 어떤 뜻일까요?

$$pan = all \ (모든)$$
$$demic = population$$
$$(사람들)$$

팬데믹은 라틴어와 그리스어에서 유래된 단어로 '팬'은 '모든'이라는 뜻이고, '데믹'은 '사람들'이란 뜻을 가지고 있습니다.
한마디로 **'전 세계적인 유행병'**이란 뜻인데요. 모든 사람이 병원체에 감염될 수 있는 상황을 말합니다.

endemic = 풍토병
뎅기열, 말라리아

epidemic = 신종 감염병
사스, 에볼라바이러스

팬데믹은 풍토병을 뜻하는 엔데믹(endemic), 빠르게 확산되는 신종 감염병인 에피데믹(epidemic)보다 더 광범위한 지역으로 넓게 퍼지는 상황을 말합니다.

지금까지 팬데믹을 일으켰던 질병은 1300년대 중반에 발생해 유럽을 공포에 떨게 한 흑사병과 1918년 발생해 수천만 명의 사망자를 낸 스페인독감이 있습니다.

세계보건기구(WHO)는 감염병 경보를 확산범위에 따라 6단계로 나누고 있는데요.

팬데믹은 **최고 단계인 6단계**로 감염병이 전 세계로 확산되었다는 걸 의미합니다. 이제 팬데믹의 뜻에 대해서 잘 아시겠죠?

4

홍콩과 중국,
어떻게 다른 걸까?

여러분, '홍콩' 하면 무엇이 떠오르시나요?
국제 금융과 무역의 중심지,
여행과 음식의 천국 등 여러 가지가 생각나는데요.

예전에는 중국영화라고 하면
바로 홍콩영화를 뜻할 정도로
홍콩은 영화의 중심지이기도 했었죠.

그런데 최근 홍콩은 민주화로 더 유명한데요.
2014년에 이어 2019년 다시 홍콩민주화운동이 일어나면서
전 세계의 눈과 귀가 쏠리고 있습니다.

그런데 홍콩은 왜 민주화운동을 하는 걸까요?
공산국가인 중국에서 민주화운동이 가능한 걸까요?

그러고 보면 홍콩은 중국과 사뭇 다른 점이 많은데요.
왜 중국 안에서 따로 노는 것 같이 보이는 걸까요?
홍콩과 중국, 과연 어떤 차이가 있는 걸까요?

지금의 홍콩을 알기 위해서는
약 180여년 전으로 거슬러 올라가야 합니다.

1800년대, 영국을 비롯한 유럽의 강대국들은
아시아와 인도, 아프리카를 무차별 침략하여
식민지로 만들고 있었는데요.

중국도 마찬가지로 위기를 겪고 있었습니다.

당시 영국은 중국과의 무역에서 큰 손해를 보고 있었습니다.
중국이 수출하는 차와 도자기는 아주 잘 팔린 반면,
영국이 수출하는 모직물은 거의 팔리지 않았죠.

영국은 이를 뒤집기 위해 고민하다가 인도에서 재배하던 마약인
아편을 중국에 수출하기로 마음먹었죠.
아편이 중국에 들어오자 금세 상황은 역전되었고,
중국은 아편으로 많은 피해를 입었습니다.

이에 화가 난 중국은 영국이 수출한 아편을 압수해
바다에 던져 버렸는데요.

그러자 영국은 이를 빌미삼아 전쟁을 일으켰습니다.
1839년 벌어진 이 전쟁이 바로 **아편전쟁**입니다.

강력한 힘으로 아편전쟁에서 승리한 영국은
중국과 불평등한 조약을 체결했는데요.

이 조약에서 홍콩을 식민지로 차지하게 되었습니다.

이때부터 영국은 홍콩에 서양식 건물을 지으며
'동양 속의 서양'으로 만들기 시작했습니다.
영국의 전폭적인 지원을 받은 홍콩은
눈부신 발전을 이룩했습니다.

1970년대에 이르러서는 동아시아의
금융과 무역의 중심지가 되었고,
영화 산업도 발전하여 홍콩하면
'동양의 헐리우드'라는 별명이 붙을 정도였습니다.

그사이 중국 대륙은 1949년 공산당이 통일하여
중화인민공화국이 건설되었는데요.
당시는 냉전시대였기 때문에
홍콩과 중국은 서로 등을 돌리게 되었습니다.

그러다가 홍콩이 식민지가 된 지 150년이 지난 1997년,
마침내 영국은 중국과의 기나긴 협상 끝에
홍콩을 반환하게 되었는데요.

협상의 조건은 '중국이 50년동안 홍콩의 체제를
그대로 유지시킨다'는 것이었습니다.
한 나라에 공산주의 체제와 자본주의 체제가
공존하게 된 것이죠.

'**일국양제(一國兩制)**'라고 부르는 이 제도로 인해
홍콩은 현재 중화인민공화국의 특별행정구가 되었죠.

그런데 최근 중국이 이 약속을 어기고
홍콩을 공산주의 체제 안으로 편입시키려는
여러 시도를 하고 있는 것입니다.
당연히 홍콩 시민들은 이러한 시도를 저지하기 위해
시위를 시작한 것이죠.

정리하면 홍콩은 아편전쟁 이후
150년 동안 영국령이었다가 중국에 반환된 도시로,
공산주의 국가인 중국과 체제가 달라
민주화 운동이 벌어지는 것입니다.
이제 홍콩과 중국의 차이에 대해서 아셨나요?

5

발렌타인데이에는
왜 초콜릿을 줄까?

발렌타인데이

2월 14일

표준어는 '밸런타인데이'

매년 2월 14일은 발렌타인데이입니다.

이날엔 연인이나 친구에게 초콜릿을 선물하는데요.

발렌타인은 무슨 뜻이고,
언제부터 초콜릿을 주는 풍습이 생긴 걸까요?

발렌타인데이는 원래 기독교의 기념일인
성 발렌타인 축일입니다

St. Valentine
성인 발렌타인

성 발렌타인은 로마시대 기독교 사제이자
성인으로 존경받는 사람인데요.

전설에 따르면 성 발렌타인은 결혼이 금지된 로마군인의
주례를 봐주다 발각되어 2월 14일 순교했다고 합니다.

사람들은 죽음을 무릅쓰고 사랑의 결실을 맺어주던
성 발렌타인을 기리는 마음으로 매년 2월 14일을 기념하고
축제를 열었다고 하는데요.

영국의 유명한 초콜릿 회사인 캐드버리의 창립자
리처드 캐드버리는 1860년대에 이미 하트 모양의
발렌타인 초콜릿 상자를 만들어 판매했다고 합니다.

이런 발렌타인데이 풍습이
'여성이 남성에게 초콜릿을 주는 날'로 바뀌게 된 배경에는
바로 **일본**이 있습니다.

일본은 1854년 개항을 하면서 다른 나라보다 일찍
서양문물을 받아들여 1900년대에는 이미 많은 서양문화가
일본에 자리잡게 되었습니다.

1935년 고베에 있던 모로조프 제과점은 일본 최초로
'발렌타인데이에 초콜릿을 선물하자'는 신문광고를 게재했고

1958년에는 도쿄에 있던 메리초코 양과자점이 처음으로
'발렌타인데이에 여성이 남성에게 초콜릿을 선물하자'라는
캠페인을 시작했습니다.

1960년대에는 일본 기업 모리나가제과가
대대적인 상업 판촉행사를 벌이며
발렌타인데이가 점차 대중들에게 알려지도록 했습니다.

1970년대에는 발렌타인데이와 짝을 짓는
'화이트데이'가 일본에서 탄생하는데요.

1980년대에 들어서야 대기업들이 발렌타인 초콜릿을
대대적으로 홍보하면서 발렌타인데이와
화이트데이가 완전하게 일본에 정착하게 됩니다.

이에 영향을 받아 이웃나라인 우리나라도
1980년대 중반부터 제과회사의 주도로 발렌타인데이에
초콜릿을 주는 풍습이 빠르게 퍼지게 되었습니다.

1990년대에 우리나라는 한 술 더 떠서
4월 14일은 초콜릿을 못 받은 사람이 짜장면을 먹는 블랙데이,
5월 14일은 장미를 선물하는 로즈데이 등
14일마다 기념일을 만들어버렸습니다.

심지어 모 제과회사는
11월 11일을 막대과자날로 만들어 히트를 치기도 했죠.

재미있는 사실은
'여성이 남성에게 초콜릿을 주자'는 마케팅이 성공하자,
'남성도 여성에게 초콜릿을 주자'라는 마케팅이 생겨났고,
나중에는 친구와 지인에게도 초콜릿을 주자는
'의리 초코'까지 생겼다는 점입니다.

그로 인해 초콜릿 판매는 급상승했지만
소비자들의 부담은 점점 커지는 부작용을 낳게 되었습니다.

정리하면 발렌타인데이에 여성이 남성에게 초콜릿을 주는
풍습은 일본 제과업계가 주도하였고,
우리나라에는 1980년대 중반부터 본격적으로 유행하였습니다.

6

G7과 G20,
어떤 차이가 있을까?

최근 우리나라가 G7 확대회의에 초청되어 큰 화제가 되었죠.

코로나19 시대를 거치면서 대한민국의 위상이
좀 더 높아진 것 같아 마음이 뿌듯합니다.

그런데 우리나라는 G20의 회원이기도 하죠.
2010년에는 서울에서 G20 정상회의를 열기도 했는데요.

G7과 G20, 도대체 무엇을 하는 모임일까요?
그 차이는 무엇인가요? 그리고 G는 어떤 뜻일까요?

= Group

먼저 G는 특별한 뜻이 아니라 모임을 뜻하는
'그룹'의 머리글자입니다.

그러니까 G7은 '일곱나라 모임(Group of Seven)'이란 뜻입니다.
별로 대단한 뜻은 아니죠?

하지만 G7의 위상은 꽤나 특별한데요.
선진국으로 불리는 일곱 나라. 즉 미국, 영국, 독일, 프랑스,
이탈리아, 일본, 캐나다의 정상들이 만나는 모임이기 때문입니다.

G7의 역사는 제법 오래되었습니다.
1973년 석유파동으로 세계 경제가 위기를 맞던 시절
미국, 영국, 프랑스, 독일(당시는 서독)은 세계 경제를
논의하기 위해 재무장관 모임을 만들었는데요.

이 모임이 G7의 출발이 되었습니다.

나중에 이 회의는 정상급 회의로 격상되었고
일본, 이탈리아, 캐나다가 차례로 가입되어 G7이 되었죠.

이후 유럽연합이 추가되었지만 비공식으로 참가했기 때문에
명칭은 G7을 그대로 사용하고 있습니다.

G7은 한때 러시아가 가입해 G8이 된 적이 있었는데요,
2014년 러시아가 우크라이나 크림반도를 무력으로
강제 합병하면서 그룹에서 퇴출되었습니다.
그래서 다시 G7으로 돌아갔죠.

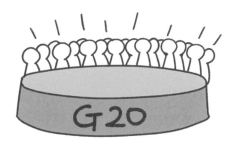

G20은 마찬가지로 '20개 나라의 모임(Group of 20)'입니다.

여기에는 G7의 일곱 나라와 신흥 경제강국 열두 나라,
그리고 유럽연합이 정식으로 참가하고 있습니다.

G20은 1999년 아시아 금융 위기로 세계경제가 불안했을 때
재무장관회의로 시작했는데요,
2008년 세계 금융위기때 격상되어 정상급 회의가 되었습니다.

G20이 탄생한 이유는 그동안 중국, 인도, 우리나라 등이
경제강국으로 성장했고, 이들을 제외하고 일곱 나라만
세계 경제를 논의할 수는 없었기 때문입니다.
그런데 이미 UN이 있는데 왜 G20이 필요했을까요?

G20은 실무자가 만나는 UN과 달리 각국의 정상들이 만나서
직접 소통하기 때문에 영향력이 크다고 볼 수 있습니다.
그럼 G20이 있는데 G7은 왜 남아 있는 걸까요?

G7은 서방을 중심으로 한 모임이라는 비판이 있지만
전통적인 강국들이 모여 있기 때문에 여전히 그 영향력을
무시할 수 없는 것입니다.

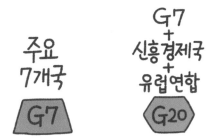

정리하면 G7은 서방을 중심으로 한 주요 일곱 나라의 모임이고,
G20은 G7에 새로운 경제강국과 유럽연합이 함께하는 모임으로
이 두 모임은 **정상들이 직접 만나** 주로 세계 경제를 논의합니다.
이제 G7과 G20에 대해서 잘 아셨나요?

7

광고와 PPL, 협찬은
어떻게 다를까?

2020년 뒷광고 문제가 폭발적인 화제가 된 적이 있었죠.

뒷광고는 광고비나 협찬을 받았는데도 그것을 시청자에게
알리지 않고 몰래 광고하는 행위라고 합니다.

뒷광고는 일종의 간접광고라고 할 수 있는데요.

간접광고를 왜 시청자에게 알려야 하는 걸까요?

좀 더 생각해보면 광고와 협찬, PPL같은 용어는
우리를 더욱 헷갈리게 하는데요.

여러 광고들은 어떤 차이가 있을까요?

우리는 방송과 온라인에서 셀 수도 없이
많은 광고를 보고 있습니다.

광고는 사람들이 많이 보는 대중매체에서
무언가를 알리는 활동을 말하는데요,

광고를 통해 광고주는 짧은 시간 동안
많은 사람들에게 홍보를 할 수 있고,
대중매체는 광고수익으로 매체를 운영할 수 있게 됩니다.

우리도 모르는 사이 TV 방송은
매일 엄청난 양의 광고를 내보내고 있습니다.
광고를 내기 위해 광고주와 방송사 사이에는
거액의 돈이 오갑니다.

그래서 국내방송과 통신을 감독하는 방송통신위원회는
무차별적인 광고에서 시청자를 보호하기 위해 각 방송사가
정해진 분량의 광고만 내보내도록 규제하고 있습니다.

광고를 보기 위해 TV를 보는 사람은 별로 없겠죠.
너무 지나친 광고는 사람들을 지치게 하고
광고 제품에 부정적인 인상을 만듭니다.

광고주가 이를 모를리 없죠.
그래서 광고가 아닌 듯하면서도
자사 제품을 홍보하는 방법을 찾았는데요,

간접광고 ≒ PPL

◉방송법에서는 '간접광고'가 정식명칭

그것이 바로 **간접광고**입니다.
간접광고는 본 방송 내에 스며들어 있는 광고를 말하는데요,

PPL

Product PLacement
제품   배치

흔히 말하는 **PPL**이 그것입니다.
PPL은 **'제품 배치'**란 뜻을 가지고 있습니다.

PPL은 단어의 뜻처럼 처음엔 방송프로그램 안에서
소품을 배치해 홍보하는 수준이었지만,
이제는 직접광고와 맞먹을 정도로 광고의 대명사가 되었습니다.

지금의 PPL은 소품배치를 넘어서 등장인물의 직장,
자주가는 카페, 좋아하는 음식 등 드라마의
스토리에까지 영향을 끼치고 있죠.

간접광고도 역시 엄연한 광고이기 때문에 방송사는
프로그램이 시작할 때 간접광고가 있음을 알리고 있습니다.

그렇다면 협찬은 무엇일까요?
방송이 끝날 때면 항상 작은 이미지로 협찬 회사를 알려주는데요.
그것만으로는 협찬이 어떻게 진행되는지 알기 어렵죠.

협찬은 방송제작에 돈이나 물품, 장소나 인력을
지원해주는 행위입니다. 방송제작은 돈뿐만 아니라 많은
물품과 장소제공, 인력이 필요합니다.
그래서 오래전부터 협찬을 받기 시작했다는데요.

협찬은 직접 광고가 아니기 때문에
협찬으로 지원된 소품들은 모두 상표를 가리게 되는데요.
그래도 연예인이 입은 옷이나 사용한 물품, 촬영장소들은
누구나 관심을 가지기 때문에 충분한 광고효과가 있다고 합니다.

또한 간접광고보다는 규제가 덜 엄격하고
비용이 적게 드는 장점이 있죠.

정리하면 **PPL**이라고도 부르는 **간접광고**는
본방송 안에서 자연스럽게 제품을 홍보하는 광고를 말하고,
협찬은 방송제작에 돈이나 물품, 장소와 인력 등을
지원하는 행위를 말합니다.

뒷광고가 비난받는 이유는 진실이라고 믿었던
인터넷 방송인들의 솔직한 리뷰들이
사실은 광고였다는 배신감 때문입니다.

시청자의 권리나 더 좋은 콘텐츠, 그리고 공정거래를 위해서
뒷광고는 반드시 없어져야 하겠습니다.

8

미국 대선, 우리나라와는 어떻게 다를까?

세계에서 가장 영향력이 큰 나라는 어디일까요?
바로 미국이겠죠.
초강대국인 만큼 지구촌 사람들은 미국의 정치, 경제, 문화에
많은 관심을 가지고 있습니다.

그중에서 미국의 수장을 바꾸는 대통령 선거는
세계 정치의 흐름을 바꿀 수 있는 만큼 전 세계가 촉각을
곤두세우고 바라보는 행사입니다.

그런데 미국 대선은 우리나라 대선에 비해 기간도 길고,
방식도 복잡해서 뉴스만 보면 제대로 알기가 어렵습니다.
알쏭달쏭한 미국 대통령 선거, 도대체 어떻게 치러지는 걸까요?

직접 선거 　　　　 간접 선거

국민이 직접 후보자에게 투표하는 우리나라와는 달리
미국은 후보자가 속한 정당의 선거인단을 뽑는
간접선거 방식을 취하고 있습니다.
왜 이런 독특한 제도를 만들었을까요?

1　　　　**50**

미국은 우리나라같은 단일 국가가 아니라 **'주(State)'**라고
부르는 50개의 국가가 합쳐진 **연방제 국가**입니다.
그래서 각 주의 균형잡힌 권한이 중요합니다.

그런데 각 주의 인구수만 따지면
인구가 많은 주의 권한이 커지는 부작용이 있습니다.
그렇다고 각 주에 똑같은 권리를 주면
민주주의의 원칙인 다수의 의견을 무시될 수 있습니다.

그래서 미국을 건국한 초기 정치인들은 이를 보완하기 위해
선거인단을 통한 간접선거 방식을 만들었던 것입니다.

선거인단 투표를 통해 각 주는 어떤 후보를 지지하는지
공개적으로 표명할 수 있고, 선거인단의 수에 의해 다수의
의견을 반영할 수 있습니다.

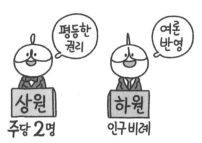

미국 의회는 각 주의 동등한 지위를 위해
2명씩 뽑는 상원, 인구수만큼 뽑는 하원으로 구성되어 있는데요.

선거인단도 이와 같이 상하원 의원수인 535명에
수도인 워싱턴DC의 선거인단 3명을 더한 538명으로
구성되어 있습니다.

대선 레이스는 2월부터 열리는
'코커스'와 **'프라이머리'**로 시작합니다.

이 행사는 각 주에서 전당대회에 참여할 대의원을 뽑는 행사로,
당원들만 참여하는 행사는 코커스, 주정부에서 진행하고
일반 유권자도 함께 참여하는 행사는 프라이머리라고 합니다.

어떤 방식으로 할지는 각 주의 법으로 정해져 있다고 하네요.
이때 선출된 대의원들은 각 당의 대선후보를 선출합니다.

이 행사는 같은 날에 열리지 않고 주마다 날짜가 다른데요,
그래서 가장 먼저 열리는 행사가
그다음 행사에 영향을 주게 됩니다.

2월 초에 열리는 아이오와 코커스와 그다음 열리는
뉴햄프셔 프라이머리가 결과를 점칠 풍향계로
항상 주목을 받고 있죠.

그리고 가장 많은 주에서 한꺼번에 대의원을 선출하는
슈퍼화요일이 가장 많은 관심을 받는데요.

대의원 후보자들은 미리 자신이 지지하는 후보를 밝히기에
슈퍼화요일이 지나면 각 당의 대선후보의 윤곽이
어느 정도 드러납니다.

대의원 선출이 끝나면 각 당은 대통령 후보를
공식 발표하는 전당대회를 여는데요.
현직 대통령이 있는 정당이 전당대회를 늦게
여는 것이 관례라고 합니다.

공식 선출된 각 당의 대선 후보는 9월부터 11월 초
선거일 전까지 대선운동을 진행하는데요,
주로 TV토론과 광고, 온라인 활동 등입니다.

투표 당일이 되면 유권자는 자신이 지지하는 후보의
선거인단에게 투표합니다.

이때 메인 주와 네브라스카주를 제외한
모든 주는 이긴 후보가 선거인단을 모두 가져가는
'승자독식' 방법을 채택하고 있습니다.

승자독식제가 유지되는 이유는
각 주의 영향력을 행사할 수 있기 때문입니다.
승자독식제가 아니라면 미국 대선 지도는 주별로 구분되지
않고 더 작은 단위로 쪼개지면서 주의 특성을 잃게 될 것입니다.

그럴 바에는 이긴 당에게 모든 권한을 주어서
자신의 주가 공화당의 주인지, 민주당의 주인지
색깔로 구별하는 것이 낫겠죠.

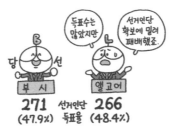

하지만 승자독식은 부작용도 있습니다.
총 득표수에서 이겨도 선거인단 확보에 실패해 패배하기도 하죠.
대표적으로 2000년 대선이 그렇습니다.

사실상 대선 선거일인 선거인단 선거는 538명의 선거인단 중
과반수인 270명을 확보하면 승리하게 됩니다.
이 선거가 끝나면 대통령이 누구인지 이미 정해지죠.

하지만 간접선거이기 때문에 형식상 선출된 선거인단이
12월에 대통령을 뽑는 투표를 한 후, 다음 해 1월 초 당선자를
공식 발표하고, 1월 20일 취임을 하는 형식을 거치게 됩니다.

미국 대통령 선거는 200년이 넘는 기간 동안
여러 시행착오를 거치며 만들어진 제도로 미국 국민을 통합하는
중요한 행사라고 할 수 있습니다.

9

산타클로스는 누구일까?

매년 12월 25일은 아기 예수님의 탄생을 축하하는
크리스마스입니다.

이날은 한 해의 마지막 공휴일이기 때문에 종교와 상관없이
많은 사람들이 즐거운 하루를 보내고 있습니다.

그런데 어린이들은 크리스마스보다
전날인 이브에 관심이 더 많은데요.

바로 이분, 산타클로스가 오시기 때문입니다.

어린이에게 크리스마스는 산타할아버지에게
선물을 받는 날로 생각될 만큼
산타클로스는 크리스마스의 상징이라고 할 수 있습니다.

여러분들도 어린이였을 때 산타할아버지가
있다 없다 논쟁을 해보신 적이 있죠?
그런데 조금 생각해보면 궁금한 점이 한두 개가 아닙니다.

성탄절은 아기 예수의 탄생일인데
왜 산타클로스가 유명한 걸까요?

아기 예수가 태어난 베들레헴은 건조하고 온화한 날씨인데
왜 산타할아버지는 눈썰매를 타고 오는 걸까요?

우리가 알고 있는 산타클로스는
흰 수염에 빨간모자, 빨간옷을 입은 할아버지인데요.

크리스마스 전날 밤에 루돌프 사슴이 끄는
눈썰매를 타고 하늘을 날아다니면서
착한 어린이에게 몰래 선물을 준다고 합니다.

마치 전설과 같은 이런 이미지는 어떻게 만들어졌을까요?

Santa Claus
⬇
Saint   Nicholas
성인   니콜라스
(니콜라오, 니콜라우스)

산타클로스란 이름은 **'성 니콜라스'**란 뜻인데요.
성 니콜라스는 서기 200년에서 300년 사이에
터키 지방에 살았던 기독교 성직자라고 합니다.

성 니콜라스는 가난하고 어려운 사람을
도와준 것으로 유명한데요.

가장 알려진 이야기를 보면
어느 가난한 세 처녀가 돈이 없어서 결혼을 못하게 되자
성 니콜라스가 한밤중에 금이 든 자루를
몰래 집에 넣어두어 결혼을 할 수 있게 되었다고 합니다.
지금의 산타클로스 이야기와 많이 비슷하죠?

훗날 성 니콜라스는 많은 사람들이 존경하는 성인이 되었는데요.
그를 기리는 축일에는 가난한 어린이들에게
선물을 주는 풍습이 생겨났다고 합니다.

그런데 성 니콜라스가 살았던 곳도
추운 지방이 아니라서 눈썰매랑은 관계가 없는데요.
산타클로스의 모습은 어디에서 유래되었을까요?
그건 바로 북유럽 신화와의 만남 때문이라고 합니다.

북유럽 신화의 대표적인 신 토르는
염소가 끄는 수레를 타고 다녔다고 하는데요.
기독교를 믿게 된 북유럽 사람들이 성 니콜라스 전설에
신화를 섞어 순록이 끄는 썰매를 타는 모습으로 바꾸어놨죠.

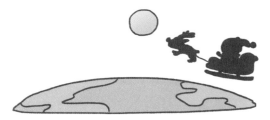

이렇게 북유럽 신화와 섞여버린 성 니콜라스 전설은
다시 미국으로 건너가 지금의 산타클로스로 바뀌게 됩니다.

신대륙으로 건너간 네덜란드 사람들은 성 니콜라스를
신터클라스라고 불렀고, 이것이 영어로 바뀌면서
산타클로스란 이름이 되었다고 하는데요.

클레멘트 무어

1800년대 미국 시인 클레멘트 무어는
'성 니콜라스의 방문'이라는 작품으로 크리스마스이브에
선물을 주는 산타클로스 이야기를 만들어냈고,

비슷한 시기 유명 삽화가인 토마스 나스트는 잡지에
산타클로스의 삽화를 그리면서 우리에게 익숙한
흰 수염에 뚱뚱한 할아버지 모습이 나타나기 시작했습니다.

그리고 마침내 빨간 외투를 걸친 지금의 산타클로스 모습을
완성한 것은 다름 아닌 코카콜라였는데요.
겨울에도 코카콜라를 팔기 위해 산타클로스를 광고모델로
하면서 산타클로스는 전 세계적으로 알려지게 된 것입니다.

정리하면 산타클로스는 성 니콜라스 이야기에서 유래되어
북유럽 신화의 전설과 만난 다음
미국으로 건너와 지금의 모습으로 만들어지게 된 것입니다.

이렇게 보면 산타클로스는 다양한 문화와 상술이 혼합된
미국적인 캐릭터라고 할 수 있겠네요.

그럼에도 불구하고 산타클로스가 인기 있는 이유는
바로 어린이들에게 꿈과 희망을 준다는 것인데요.

매년 산타클로스 역할을 하는 부모님 덕분에
크리스마스는 종교를 넘어선 가족 명절이 된 것 같습니다.
이제 산타클로스에 대해서 잘 아셨나요?

10 초파리는 어디서 오는 걸까?

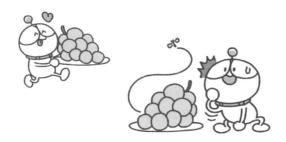

오랜만에 과일가게에서 포도를 사 온 알쏭이. 그런데 포도와 함께 불청객이 온 것을 알게 됩니다. 왜애애애앵~ 과일을 사 오면 어디에선가 갑자기 나타나는 초파리. 초파리는 과연 어디에서 오는 걸까요?
초파리는 식초파리라는 뜻으로 새콤달콤한 냄새가 나는 곳에 꼬이는 파리입니다.

새콤달콤한
냄새가 좋아♡

醋파리
식초 초

전 세계에는 약 3천여 종의 초파리가 있고, 추운 겨울을 빼고는 봄부터 가을까지 활발한 활동을 한다고 합니다.

이게 다
나의 영역!

초파리는 크기가 2-4mm로 아주 작지만 활동 반경은 아주 넓습니다. 또한 예민한 감각을 가지고 있어서 1㎞ 밖에서 나는 과일 냄새를 찾아가기도 합니다. 사람 입장에선 초파리가 갑자기 나타난 것으로 보이지만 사실은 과일가게에서부터 데리고 왔거나 주변에 있던 초파리들이 과일 냄새를 맡고 찾아온 것이죠.

초파리는 크기가 작아서 방충망과 문틈 사이로 쉽게 들어오기 때문에 사람에게는 갑자기 나타난 것으로 착각할 수 있습니다.

초파리는 번식력이 뛰어나 한 번에 수백 개의 알을 낳는데요, 이 알은 약 2주가 되면 성충이 되어 다시 번식을 할 수 있습니다. 이렇게 한 번 집에 초파리가 들어오면 엄청난 번식을 하기 때문에 쉽게 사라지지 않는 것이죠.

초파리는 한 세대가 짧기 때문에 유전학 연구에 매우 중요한 생물이라고 합니다. 하지만 우리 생활 속에서는 불편을 주는 곤충이죠. 그래서 초파리를 쫓기 위해 뜨거운 물을 하수구에 붓거나 맥주나 막걸리, 식초 등 초파리가 좋아하는 재료를 이용해 초파리덫을 만들기도 합니다. 시중에도 다양한 초파리 트랩이 판매되고 있죠. 하지만 무엇보다도 초파리를 집에 데리고 오지 말아야 하기 때문에 과일을 사 왔을 때는 과일을 씻을 수 있는 1종 주방세제로 깨끗이 씻어 식품용기나 냉장고에 보관하고 음식물쓰레기는 바로바로 버려주는 것이 좋습니다.

11
프리퀄과 시퀄
어떤 말일까?

지금은 다양한 영상 플랫폼이 생겨나면서
많은 영화와 드라마를 집에서도 손쉽게 볼 수 있게 되었습니다.

그런데 이런 작품들을 보다 보면
자주 접하게 되는 용어가 있는데요.

바로 프리퀄과 시퀄입니다.

프리퀄과 시퀄은 무슨 뜻이고 어떤 역할을 하는 걸까요?

먼저 **프리퀄**은 본 작품의 **앞선 이야기**를 다루는 작품으로
본 작품의 이야기가 어떻게 탄생하게 되었는지
그 원인을 찾아가는 것이 주요 내용입니다.
프리퀄의 '**Pre-**'는 '**이전의**'라는 뜻이죠.

반면 **시퀄**은 본 작품의 **뒷 이야기**를 다루는 작품으로
본 작품의 재미를 이어가기 위해 만드는 작품입니다.
시퀄의 '**Seq-**'는 '**다음의**'란 뜻이죠.

프리퀄과 시퀄을 동시에 설명할 수 있는 좋은 예는
영화 〈스타워즈〉라고 할 수 있습니다.

오리지널 3부작
(1977-1983)

에피소드4 (1977)
에피소드5 (1980)
에피소드6 (1983)

스타워즈는 1977년 처음 개봉했는데요.
처음 나온 세 편을 **오리지널 3부작**이라고 합니다.
이 시리즈에선 우주를 지배하고 있던 은하제국의 다스베이더와
반란군에서 활약하는 루크 스카이워커의 싸움을 보여줍니다.

프리퀄 3부작
(1999-2005)

에피소드1 (1999)
에피소드2 (2002)
에피소드3 (2005)

왕년엔 나도
잘생겼었지...

존 잘

이후 16년이 지나고 **프리퀄 3부작**을 만들게 됩니다.
프리퀄 시리즈는 다스베이더의 젊은 시절 이야기인데요.
젊고 유능한 제다이였던 아나킨 스카이워커가
어떻게 다스베이더로 변하는지를 보여주고 있지요.

시퀄 3부작
(2015-2019)

에피소드7 (2015)
에피소드8 (2017)
에피소드9 (2019)

거기서 10년이 지난 후 세 편의 **시퀄 3부작**을 만들게 됩니다.
시퀄 시리즈에서는 루크 스카이워커의 명맥을 잇는 새로운
제다이 전사들이 역시 새롭게 나타난 악의 세력인
퍼스트 오더에 대항하며 싸우는 모습을 보여주고 있습니다.

이로써 스타워즈는 40년에 걸친
장대한 우주 드라마를 완성하게 되었습니다.

프리퀄과 시퀄 작품이 만들어지는 이유는 뭘까요?
그것은 오리지널 작품의 인기가 아주 높기 때문입니다.

제작자는 작품의 흥행을 이어가기 위해 앞뒤의 이야기를
새로 만들어 세계관을 확장시키는 것이죠.
지금은 많은 작품들이 프리퀄과 시퀄 작품을 만들어
팬들의 관심을 높이고 있습니다.

정리하면 프리퀄은 본편 이전이 이야기,
시퀄은 본편 이후의 이야기입니다.
이제 프리퀄과 시퀄에 대해서 잘 아셨나요?

12

아카데미상은
세계 3대 영화제에
들어가지 않는다?

2020년에 이어 2021년도 한국인이 아카데미상을 받는
장면을 보고 알쏭이와 달쏭이는 신이 났습니다.

비록 외계인이지만 한국 영화를 사랑하는 것은
한국인 못지 않네요.

그런데 알쏭이와 달쏭이는 최근 어느 기사를 보고
고개를 갸우뚱할 수밖에 없었는데요.

그 내용은 아카데미상이 세계 3대 영화제에
속하지 않는다는 것이었습니다.

세계 영화계를 주름잡는 영화상이
왜 3대 영화제에 속하지 않는 걸까요?
그렇다면 3대 영화제는 과연 무엇일까요?

결론을 먼저 말하면
아카데미가 3대 영화제에 들어가지 않는 이유는
영화제가 아니라 **영화 시상식**이기 때문입니다.

영화제는 한 도시를 중심으로
일정기간 동안 출품된 수백 편의 영화를 상영하고
영화제가 끝날 때 시상식을 하는 형식입니다.
반면 시상식은 하루 동안 치러지는 행사죠.

Academy of Motion Picture Arts and Sciences

아카데미 시상식은
미국영화예술과학아카데미(AMPAS)가 주관하는 시상식으로
할리우드가 있는 미국 로스앤젤레스에서 열리고 있습니다.

또한 3대 영화제는 모두 전 세계 영화를
심사 대상으로 하고 있지만, 아카데미상은 한 해 동안
미국에서 상영된 영화만을 대상으로 한다는 것입니다.

오직 국제영화상(외국어영화상) 하나만
전 세계 영화 중에서 선정하고 있죠.

하지만 미국 영화시장은
전 세계 중심이라고 할 수 있을 정도로 영향력이 있기 때문에
미국 국내 잔치라도 세계의 관심이 집중되는 것입니다.

아카데미상은 다른 영화제처럼 최고상은 없지만
작품상을 최고의 영예로 여깁니다.
그리고 아카데미란 말은 일반명사에 가깝기 때문에
오스카란 별명을 더 많이 사용하지요.

그럼 세계 3대 영화제란 무엇일까요?
바로 칸 영화제, 베네치아 영화제, 베를린 영화제를 꼽는데요.
이들은 세계적으로 권위 있는
국제영화제작자협회연맹(FIAPF)이 인정하는 영화제입니다.

1946년 처음 개최

깐느 영화제, 칸느 영화제라고도 하는 칸 영화제는
프랑스 남부 도시인 칸에서 매년 5월 개최되는 국제영화제인데요,
전 세계가 인정하는 권위 있는 영화제라고 할 수 있습니다.

칸 영화제의 최고상인 황금종려상은 작품상인데요,
한국영화는 2019년 봉준호 감독의 〈기생충〉이 수상했습니다.

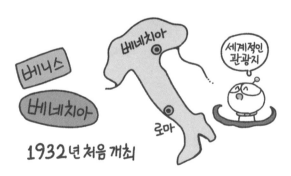

1932년 처음 개최

베네치아 영화제는 베니스 영화제라고도 하는데요,
이탈리아 베네치아에서 매년 8,9월에 열리는 국제영화제로
3대 영화제 중에서 가장 오랜 역사를 가지고 있습니다.

최고상인 황금사자상은 작품상인데요,
한국영화는 2012년 김기덕 감독의 〈피에타〉가 수상했습니다.

1951년 처음 개최

베를린

독일

독일의
수도

베를린 영화제는 독일 베를린에서
매년 2월 중순에 열리는 영화제로 3대 영화제 중에서
가장 진지하고 개방적인 것으로 유명합니다.

트로피 중에서
제일 귀여움♥

최고상인 황금곰상은 작품상인데요,
아직 한국영화가 수상한 적은 없습니다.

정리하면 아카데미상은 영화제가 아니라 시상식이며,
미국에서 상영된 영화에게만 주어지는 상이기 때문에
세계 3대 영화제와는 관련이 없습니다.

GOP

epilogue

13 프롤로그와 에필로그, 어떤 말일까?

프롤로그　소설　에필로그

문학이나 영화, 방송에서 가장 흔하게 쓰는 말 중에는
프롤로그와 에필로그가 있죠.

너무 자주 쓰는 말이라 우리에게 익숙하게 들리지만,
외국어이기 때문에 막상 그 뜻을 물어보면
답을 하기가 어렵습니다.
프롤로그와 에필로그, 과연 어떤 뜻을 가지고 있을까요?

pro logue
먼저　말

프롤로그는 **'앞에서 하는 말'**이란 뜻으로
작품의 본 내용이 시작하기 전에 작품의 전체적인 성격을
미리 보여주는 양식입니다.

epi logue
나중 말

잠깐!
마지막 이야기를
들어보시오!

반면 에필로그는 **'나중에 하는 말'**이란 뜻으로
작품이 끝난 후 못다한 내용을 추가하거나
본 내용을 정리하는 양식입니다.

프로메테우스   에피메테우스

프롤로그와 에필로그는 그리스 로마 신화에 나오는
'프로메테우스와 에피메테우스 형제 이야기'와 관련이 있습니다.
어째 두 형제의 이름이 프롤로그, 에필로그와 비슷하죠?

인간에게
가장 필요한 불을
선물로 줘야지!

저놈 봐라.

프로메테우스(Prometheus)는 **'먼저 알다'**란 뜻인데요.
앞을 내다볼 줄 아는 현명한 신이었습니다.
프로메테우스는 인간을 위해 불을 가져다준 것으로 유명하죠.

이 때문에 신들의 왕인 제우스의 노여움을 받아
코카서스 바위산에 묶여 독수리에게 간을 쪼아먹히는
형벌을 당했다고 합니다.

에피메테우스는 '나중에 알다'란 뜻으로
먼저 행동하고 나중에 깨닫는 어리석은 신이었는데요.

제우스는 신성한 불을 가지게 된 인간에게 재앙을 주기 위해
에피메테우스에게 판도라란 여인과 상자를 주었습니다.

"판도라의 상자"

그런데 이 판도라가 절대 열지 말라고 했던 상자를
호기심 때문에 열어 인간에게 재앙이 닥쳤다고 하지요.

pro : 먼저   나중 : epi

프롤로그와 에필로그는 이 둘의 이름을 빌려
'먼저'와 '나중'이란 뜻이 되었습니다.

프롤로고스

프롤로그의 양식은 고대 그리스시대부터
'프롤로고스(prologos)'란 이름으로 희곡에서
사용되었다고 하는데요.

관객의
흥미를 끌어라!

프롤로그

관객을 작품 속으로 끌어들이기 전에
이야기가 어떻게 진행될 것인지 알려주는 역할을 했다고 합니다.

현대의 프롤로그는 전체 설명이나 주위 환기뿐 아니라
다양한 성격으로 발전했는데요.

본 내용과는 사뭇 다른 글이나 시, 암시성 문구로
호기심을 자극하거나, 심지어 본 내용과 반대되는 내용을
집어넣고 독자를 속여 묘한 쾌감을 안겨주기도 합니다.

정리하면 **프롤로그**는 본 내용에 앞서 말하는 부분이고
에필로그는 본 내용 이후에 말하는 부분입니다.
이제 프롤로그와 에필로그의 차이를 아셨죠?

14

GOP와 GP,
어떤 차이가 있을까?

우리 주변을 둘러보면 한 두명 정도는
군 복무하는 사람이 있죠?

특히 휴전선과 가까운 전방부대에 있다고 하면
왠지 늠름하게 보이면서도 조금 걱정이 되는 것이 사실입니다.

아마도 전방근무는 위험하고
책임이 막중하다는 인식 때문이겠죠.

전방의 힘든 군생활 이야기를 하다 보면
빠질 수 없는 소재가 바로 GOP와 GP인데요.

군대에 관심이 없는 분은 이게 무엇인지 모르시겠지만,
잘 아시는 분들도 곧잘 둘을 혼동한다고 합니다.

GOP와 GP. 과연 무엇이고 어떤 차이가 있을까요?

GOP
General Out Post
일 반   전초기지

GOP는 **'일반 전초기지'**란 뜻인데요.

적진과 맞대고 있는 우리 군의 경계부대를 가리킵니다.

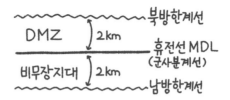

그래서 북한측은 북방한계선, 남한은 남방한계선부터
군대를 주둔하게 되었죠.
GOP는 바로 남방한계선을 지키는 우리 군인들의 기지입니다.

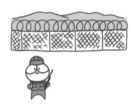

매년 명절이 되면 뉴스에 자주 나오는 장면 기억하시나요?
철책을 감시하는 늠름한 군인들의 모습 말입니다.

이 군인들은 바로 GOP의 병사들이랍니다.

또한 바로 코앞에서 북한을 볼 수 있는
휴전선 전망대도 대부분 GOP에 있습니다.

GP

Guard Post
경계 초소

GP는 '**경계초소**'란 뜻인데요.
평범한 뜻과는 달리 비무장지대 안에 설치된
최전방 무장초소입니다.

비무장지대 안에 있는 중무장초소라고 하니
어쩐지 무시무시한데요.

GP의 탄생에는 남과 북의 씁쓸한 역사가 있습니다.

정전협정문
제1조 10항
비무장지대내 인원 1천명 초과 금지
휴대무기는 군사정전위원회가 정함

휴전이 이루어질 당시에 만든 '휴전협정문'에는
비무장지대를 관리할 인원을 각각 천 명 이내로 하고
최소한의 무기만 소지하도록 했습니다.

하지만 남과 북의 치열한 대치때문에
이 조항은 무시되기 시작했습니다.

먼저 북한이 민경대란 이름으로 정전협정을 교묘히 피해가며
초소를 만들기 시작했고,

이에 우리 군도 맞대응을 하기 위해 민정경찰이란 이름으로
GP를 설치해 팽팽한 긴장감을 유지했습니다.

GP는 적의 공격에 대비해 두꺼운 콘크리트로 둘러싸여 있고요,

자동소총부터 수류탄, 기관포와 박격포,
첨단 감시장비 등이 설치되어 있습니다.
그래서 무장을 할 수 없는 비무장지대는
세계에서 가장 무장된 위험한 지역이 되었죠.

이렇게 은밀하게 감춰졌던 GP의 실상은 2005년 발생한
총기난사 사건으로 일반인들에게 알려졌습니다.
사정을 몰랐던 일반인들은 비무장지대에
이렇게 큰 무장초소가 있다는 것을 알고 깜짝 놀랐죠.

이후 병사들의 생활도 예전보다 개선되었고,
남북군사합의에 따라 GP 일부가 철수하기도 했지만,
아직도 수많은 우리 군인들이 GP 근무를 하고 있습니다.

정리하면 GOP는 휴전선 남방한계선을 지키는 경계부대,
GP는 비무장지대 안에 있는 무장초소입니다.
이제 GOP와 GP의 차이에 대해서 아셨죠?

15

생맥주와 병맥주,
어떤 차이가 있을까?

세계인이 좋아하는 술 중에서 빠지지 않는 것이 바로 맥주죠.

저렴한 가격과 시원한 맛에 많은 사람들이 좋아하는 술인데요.

맥주는 크게 생맥주와 병맥주로 나뉜다는 것을 알고 계시죠?

물론 캔맥주도 병맥주와 같이 용기에 담긴 맥주에 포함됩니다.

그런데 생맥주는 병맥주와 무슨 차이가 있는 걸까요?

생맥주는 '**생(生)**'이란 글자를 붙이고 있으니
병맥주보다 뭔가 살아 있는 맛이 있는 걸까요?

생맥주는 맥주 안에 들어 있는 미생물인
효모가 살아 있는 술입니다.

미생물이라고 하니 혹시 몸에 안 좋은 성분이 아닐까
걱정하는 분도 계실 텐데요.

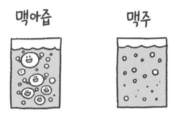

맥아즙   맥주

효모는 술을 만들 때 꼭 필요한 미생물로 맥주의 원료인
맥아즙을 알코올로 만드는 재주를 가지고 있습니다.

넌 뭐냐
. . .

아니 그럼, 병맥주는 이 효모가 없다는 말인가요?
바로 그렇습니다. 그렇다면 왜 병맥주는 효모가 없는 것이죠?

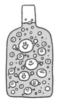

병맥주도 처음에는 당연히 효모를 가지고 있었습니다.

하지만 병 속에 효모가 계속 남아 있으면 계속 발효가 이루어
져 최상의 맛이 사라지고 술의 품질도 엉망이 되어버립니다.

맥주를 팔아야 하는 주류업자들에게는 좋지 않은 상황이겠죠.

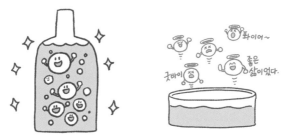

그래서 병맥주를 만들 때에는 맥주가 최상의 맛을
지니고 있을 때 열처리 등의 방법으로 효모를 제거합니다.

이렇게 해서 병에 담으면 더 이상의
발효가 일어나지 않기 때문에 유통기간이 길어지게 됩니다.
따라서 양쪽의 차이는 효모가 살아 있느냐, 없느냐의 차이입니다.

그런데 여기에서 충격적인 반전은!

시중에서 판매되고 있는 생맥주는 사실 **효모가 없다**는 것입니다.

병맥주와 캔맥주와 하나도 다를 것이 없다는 얘기지요.

실제로 생맥주는 공장에서 병맥주, 캔맥주와 같은
생산라인에서 만들어진다고 하는데요. 왜 이렇게 되었을까요?

사실 생맥주의 효모를 살리기 위해서는
유통기한을 아주 짧게 잡아야 합니다.

신선함을 유지시키기 위해 공장에서 소비자에게
도착할 때까지 냉장시스템을 만들어야 하는데요.

그것은 많은 비용이 드는 어려운 일입니다.
그래서 어쩔 수 없이 생맥주통에도 병맥주와 같이
효모를 없앤 맥주를 넣는 것이죠.

사실 진짜 살아 있는 효모를 가진 술은
맥주가 아니라 막걸리랍니다.
그래서 생막걸리는 아주 짧은 유통기한을 가지고 있고
냉장 운송체계를 가지고 있지요.

그런데 생맥주와 병맥주의 맛이 다르게 느껴지는 것은 왜일까요?
생맥주집에서 생맥주를 먹으면 실제로 아주 신선한 맛이
느껴지는데요. 왜 그런 걸까요?

그것은 업소에서 생맥주를 만드는 과정이 독특하기 때문입니다.

생맥주는 그냥 맥주통에서 맥주를 따르는 것이 아닙니다.
업소용 생맥주는 생맥주 원액에 탄산가스의 압력이 들어간 후
냉각기를 거쳐서 나오게 됩니다.

그래서 탄산가스의 양과 냉각기의 상태, 맥주의 신선도,
그리고 맥주관의 청결도에 따라서 맛이 달라지게 됩니다.

정리하면 생맥주와 병맥주는 같은 것으로 맛의 차이가 나는
것은 생맥주 기계의 **독특한 추출방식**때문입니다.

16

카페라떼와 커피우유, 무슨 차이가 있을까?

카페에서 가장 인기 있는 음료는 무엇일까요?

외래어 표기법으로는 '카페라테'가 맞는 말!

정답은 1위 아메리카노, 2위 카페라떼입니다.

그런데 편의점에서는 1위가 카페라떼라고 하네요?

아마도 아메리카노는 커피 전문점에서 직접 내려 마셔야
맛있기 때문에 편의점에서는 우유가 들어간 카페라떼를
더 좋아하는 모양입니다.

이처럼 카페라떼는 우리에게 매우 친숙한 음료입니다.
그런데 편의점에는 카페라떼와 비슷한 커피우유가 있죠?

카페라떼를 우리말로 바꾸면 커피우유인데요.

둘은 같은 음료일까요?

카페라떼는 커피에 우유를 넣어 만든 **밀크커피**의 한 종류입니다.

전 세계에는 커피에 우유를 넣어 만든 음료가 상당히 많죠.
카페라떼도 그중 하나입니다.

카페라떼는 컵에 에스프레소 1을 넣은 후
뜨거운 우유를 4 넣은 후 우유거품을 살짝 얹어주는 것입니다.

포만감

커피라기 보다는 우유제품이라고 할 정도록
우유의 비율이 높기 때문에 맛이 부드럽고 속도 든든하죠.

카페라떼는 우유만 넣었기 때문에 단맛이 없는데요.

여기에 휘핑크림을 올리고 달달한 초콜릿시럽을 뿌리면
달콤한 카페모카가 됩니다.

또 카페라떼에 진한 바닐라 시럽을 뿌리면
향이 좋은 바닐라 라떼가 되죠.
이렇게 카페라떼는 다양한 라떼음료의
출발점이 되는 음료입니다.

반면 커피우유는 우유에 **커피향**을 넣어 만든 음료입니다.
커피가 아니라 커피 **'향'**입니다.

카페라떼처럼 커피에 우유를 넣은 것이 아니라
우유에 커피 냄새만 입힌 제품이지요.
커피향은 일종의 합성물질로 커피는 1도 들어 있지 않습니다.

아주 조금.

시중에 파는 커피우유는 이런 커피향만 들어 있거나
커피향과 함께 아주 소량의 커피가 들어 있지요.

커피우유와 카페라떼의 또 하나의 차이는 바로
단맛을 내는 설탕의 유무입니다.

커피와 우유만으로 완성되는 카페라떼에 비해
커피우유는 **설탕이 아주 많—이** 들어있습니다.

게다가 일반인들은 알 수 없는 식품첨가물도 많지요.

물론 이 차이는 커피전문점의 카페라떼와
편의점의 커피우유를 비교한 것입니다.
편의점 카페라떼는 오히려 커피우유 같은 제품이 많거든요.

커피우유는 우유란 이름 덕에 청소년들이 좋아하는 음료입니다.
커피가 아니고 우유기 때문에 부모님의 걱정어린 눈초리를
피하고 당당하게 마실 수 있었죠.

그런데 요새는 커피를 능가하는 고카페인 커피우유도 나오고
진짜 커피를 넣은 커피우유도 있다고 합니다.
이 정도면 우유가 아니라 밀크커피라고 불러야 하지 않을까요?

정리하면 카페라떼는 커피에 우유를 넣은 커피음료이고,
커피우유는 우유에 커피향과 각종 첨가물을 넣은 유제품입니다.

17

위스키와 럼과 브랜디,
어떤 차이가 있을까?

술 좋아하시는 분들에게 와인만큼 빠지지 않는 것이
바로 **위스키**인데요.

처음 위스키에 입문하시는 분들은
다양한 종류와 브랜드에 헷갈리게 되죠.

그런데 주류코너에 가면 위스키와
똑같이 보이는 다른 술이 있습니다.

바로 럼과 브랜디인데요.
어떤 분들은 이 술을 위스키로 착각하고 사가기도 한다네요.

위스키와 럼, 브랜디. 이들이 어떤 차이가 있는지
지금부터 알아보도록 하겠습니다.

위스키는 **곡물을 원료**로 만든 술입니다.
스코틀랜드에서 만든 술이라 해서
보통 스카치 위스키라고도 하는데요.
다음과 같은 과정을 거쳐 만듭니다.

갓 수확한 보리의 싹을 틔워 만든 맥아를
여러 공정을 거쳐 발효시켜 알코올로 만든 뒤,
높은 도수의 알코올이 나오도록 증류합니다.
그런 후 오크통에 넣어 오랜 기간 숙성 시킨 다음
적당한 도수가 되도록 물과 섞어 병에 넣어 완성하지요.

위스키는 원료와 제조방식에 따라
다시 몇 가지 종류로 나눌 수 있습니다.

이 중 우리가 많이 접하는 위스키는 **블렌디드 위스키**죠.
여러분이 알고 계시는 유명 위스키들이 대부분
블렌디드 위스키입니다.

다음은 럼에 대해서 알아 볼까요?
럼은 **사탕수수를 원료**로 해서 만드는 술입니다.
곡물을 원료로 하는 위스키와는 다른 술이죠.

럼은 사탕수수에서 설탕을 만들고 남는 찌꺼기인
당밀을 주 재료로 하기 때문에
제조 가격이 위스키보다 저렴합니다.

럼은 카리브해 지역에서 만들기 시작했다는데요,
그래서 럼을 **뱃사람의 술, 해적의 술**이라고 하는 것입니다.

럼을 만드는 과정은 발효와 증류, 오크통을 사용하는 것이
위스키와 비슷합니다.

우리가 익숙하게 잘 아는 럼에는 바카디, 말리부가 있고요.
우리나라에서 오랜 기간 서민 양주 노릇을 했던
캡틴 큐가 바로 럼을 넣어 만든 술이었습니다.

그럼 브랜디는 무엇일까요?
브랜디는 **와인을 증류**하여 **오크통에 숙성**시킨 술을 말합니다.
위스키와 같이 참나무통에 넣어 만든 증류주이지만
출발은 곡주가 아닌 **과실주**입니다.

그래서 위스키와는 또다른 향을 느낄 수 있는 것이
바로 브랜디입니다.

와인을 다시 증류시켜서 만든 술이기 때문에
브랜디는 일반적으로 위스키보다 비싸죠.

우리에게 익숙한 코냑이란 술은 바로 브랜디의 일종인데요.
프랑스 코냑 지방에서 생산된
브랜디만 코냑이라고 부른다고 합니다.

정리하면 위스키와 럼, 브랜디는
각기 다른 재료로 만드는 술이지만
증류와 오크통 숙성을 거쳐 비슷한 색과 향을 가지기 때문에
그 차이를 알기가 쉽지 않죠.

18

프로바이오틱스와 프리바이오틱스, 다른 건가요?

유산균이 우리 몸에 좋다는 것은 많이 알려져 있죠. 유산균은 사람의 장 속에서 살면서 몸에 나쁜 균을 없애고 면역력을 키워주는데요. 이를 위해 각종 유산균 제품이 시중에 나와 있죠.

그런데 요새 유산균 관련 건강식품들은 유산균이란 이름을 쓰지 않고 **'프로바이오틱스'**란 이름을 쓰는데요. 프로바이오틱스란 뭘까요?

또 시중에는 프로바이오틱스와 이름이 비슷한 **'프리바이오틱스'**란 제품 도 있는데요. 프로바이오틱스와 프리바이오틱스는 같은 걸까요? 아니면 어떤 차이가 있는 걸까요?

$$\underline{Pro} \ \underline{biotics}$$
$$좋은 \ + \ 미생물$$

프로바이오틱스는 **'유익한 미생물'**이란 뜻인데요. 장내에서 유익하게 작용하는 미생물을 가리킵니다. 우리의 장 속에는 몸에 좋은 유익균 과 몸에 나쁜 유해균이 함께 살고 있는데요. 유익균의 숫자가 많을 수 록 장의 기능도 활발해져 우리 몸이 건강해집니다. 유익균은 흔히 유 산균이라고 부르는 '락토바실러스균(Lactobacillus)' 뿐만 아니라 여러 종류가 있는데요. 여러분이 광고에서 들어본 적이 있는 '비피더스균 (Bifidobacterium)'을 포함해 '엔테로코커스균(Enterococcus)' 등이 있습니 다. 이를 모두 합쳐 프로바이오틱스라고 부르는 것입니다. 프로바이오 틱스는 요거트와 청국장, 김치 등 식품에서 섭취가 가능하다고 하죠.

Pre biotics
이전의 + 미생물

그럼 프리바이오틱스는 무엇일까요?
프리바이오틱스는 **프로바이오틱스의 먹이**가 되는 물질입니다. 프리바이오틱스 역시 여러 종류가 있는데요.
대표적으로 '프락토올리고당(fructo-oligosaccharide, FOS)', '갈락토올리고당(Galacto-oligosaccharides, GOS)', '대두올리고당(soy oligosaccharide)', '이소말토올리고당(soy oligosaccharide)' 등이 있습니다. 프리바이오틱스는 식이섬유처럼 우리 몸에서 잘 소화되지 않는 물질인데요.

소화가 안된 것은 대장으로

이것이 대장으로 내려가면 발효가 되면서 프로바이오틱스의 증식을 돕는 먹이가 됩니다. 프리바이오틱스는 양파, 마늘, 치커리, 미역 등 우리가 자주 먹는 섬유질 음식에 많이 들어 있다고 합니다.

프로바이오틱스   프리바이오틱스

정리하면 프로바이오틱스는 장 속에 사는 유익균, 프리바이오틱스는 프로바이오틱스의 먹이가 되는 성분을 가리킵니다. 이제 프로바이오틱스와 프리바이오틱스의 차이를 아셨나요?
이 두 가지 모두 자연 식품으로 먹는 것이 제일 좋다고 하는데요. 선택은 역시 여러분의 몫이겠죠.

19

버터와 마가린,
어떤 차이가 있을까?

뜨거운 밥 위에 버터 한 조각을 얹어 먹는 버터라이스!
좋아하는 분들이 많죠.

버터는 빵에 발라 먹거나 요리에 사용하면
정말 맛있는 풍미를 즐길 수 있는 식재료입니다.

그런데 시중에는 버터와 아주 비슷하게 생긴 제품이 있죠?
바로 마가린입니다.

마가린은 모양과 색이 버터와 비슷해
겉으로 보면 어떤 것이 버터인지 알기 어렵습니다.

심지어 어떤 마가린은 맛도 버터와 비슷해서
진짜 버터로 착각하기도 합니다.

버터와 마가린, 과연 무엇으로 만드는 걸까요?
그리고 어떤 차이가 있을까요?

버터는 가축의 젖을 이용해서 만드는 **유제품**입니다.

인류는 아주 오래전부터 가축을 키우면서
유제품을 만들기 시작했는데요.

유제품을 만드는 이유는 오래도록 상하지 않고
젖을 보관하기 위해서였습니다.

유제품은 양, 염소 등 다른 가축에서도 얻을 수 있는데요.

역시 대표적인 것은 소에서 얻는 **우유**입니다.

버터는 우유 속에 있는 지방(생크림)을 따로 분리한 뒤,
이것을 오래도록 휘저어 만드는데요.

처닝(Churning)

유지방을 계속 휘저으면 그 속에 있는 지방 알갱이가
서로 뭉치면서 버터가 만들어집니다.

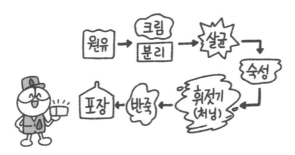

지금의 버터는 다음과 같은 단계를 거치며
대부분 공장에서 만들어지고 있습니다.

이렇게 인류 역사와 함께한 버터와 달리
마가린은 비교적 최근에 만들어진 인공 제품입니다.

마가린의 탄생은 버터와 떼어놓고 생각할 수 없습니다.

1800년대 프랑스 황제였던 나폴레옹 3세는
화학자이자 발명가였던 이폴리트 메주 무리에에게 편지를 보내
값비싼 버터를 대체할 식품을 만들라고 명령했습니다.
당시 프랑스는 전쟁을 많이 벌이고 있었기 때문에 군인들이
편하게 휴대할 수 있고, 서민들도 값싸게 먹을 수 있는
버터대용품이 필요했습니다.

메주 무리에는 약 4년에 걸친 연구 끝에 마가린을 개발했습니다.
마가린을 처음 만들 당시에는
생선기름을 가공해서 만들었다는데요,
현대의 마가린은 **식물성 기름**을 이용해서 만듭니다.

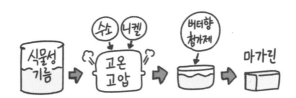

마가린의 제조과정을 살펴보면 다음과 같습니다.
먼저 식물성 기름에 높은 압력으로 수소를 넣어 고체로 만듭니다.
그런 다음 버터향과 각종 첨가제를 넣으면 마가린이 됩니다.

마가린의 장점은 무엇보다 버터보다 저렴하다는 데에 있죠.
천연버터의 거의 절반 가격으로 판매되는데요.

시중에는 버터와 비슷한 마가린 제품들이 많아
헷갈릴 수 있습니다.

따라서 버터인지 마가린인지 제대로 확인하려면
제품 뒷편에 있는 **식품유형**을 확인해야 합니다.

정리하면 **버터**는 **우유의 지방**을 이용해 만든 제품,
마가린은 **동식물성 기름**을 이용해
버터와 비슷하게 만든 제품입니다.
이제 버터와 마가린의 차이에 대해서 아셨나요?

20

화이트 초콜릿은
진짜 초콜릿인가요?

달달한 거라면 무엇이든 좋아하는 알쏭이와 달쏭이.
오늘도 후식으로 달달한 초콜릿을 사 왔습니다.

그런데 뚜껑을 열어 보니 갈색이 아니라
연한 노란색 초콜릿이네요?
바로 화이트 초콜릿입니다.

화이트 초콜릿은 색깔도 다르고,
먹어보면 초콜릿 특유의 쌉쌀한 맛도 나질 않는데요.

이거 정말 초콜릿이 맞나요?
화이트 초콜릿과 일반 초콜릿, 어떤 차이가 있나요?

테오브로마 카카오

카카오씨앗
(카카오콩)

초콜릿의 원재료는
아메리카 열대지방이 원산지인 **카카오**인데요.
열매 속에 들어 있는 **카카오 빈**을 가공해서 초콜릿을 만듭니다.

먼저 카카오에서 콩을 꺼내 자연 발효시킨 다음,
건조하여 유통이 가능한 카카오빈으로 만듭니다.

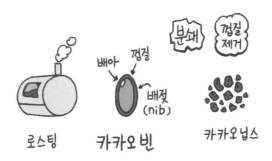

이것을 볶은 후 껍질을 벗겨 잘게 부수면
카카오 닙스가 되는데요.
닙스는 **배젖**이란 뜻으로 씨앗 속에
영양분이 있는 부분을 말합니다.

카카오닙스는 설탕이 없기 때문에 쓴 맛이 강하지만
요즘은 건강식으로 인기가 있죠.

코코아 매스
= 카카오 매스, 초콜릿 리큐어

이 카카오닙스를 곱게 갈아 덩어리로 만들면
이것이 **코코아 매스**가 되는데요.
바로 초콜릿의 기본 원료입니다.

코코아 솔리드　　　**코코아 버터**

이것을 다시 높은 압력으로 눌러 짜면
코코아 고형분과 지방인 **코코아 버터**로 분리됩니다.

초 콜 릿

초콜릿은 코코아매스에 코코아 버터를 적당한 비율로 섞고
설탕, 분유, 각종 첨가물 등을 넣은 후 굳혀서 만듭니다.

또한 코코아 고형분을 건조해서 분말로 만들고,
여기에 분유와 설탕, 기타 첨가물을 넣으면
핫초코라고도 부르는 **코코아**가 됩니다.

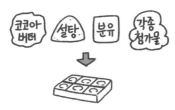

그럼 화이트 초콜릿은 어떻게 만들까요?
화이트 초콜릿은 코코아 매스를 넣지 않고
코코아 버터와 분유, 설탕과 기타 첨가물을 섞어서 만듭니다.

화이트 초콜릿은 초콜릿 특유의 향이 들어있는
코코아 매스가 들어 있지 않지만, 코코아 버터가 들어 있기 때문에
카카오 원료를 사용한 초콜릿이 맞습니다.

하지만 일반 초콜릿과 맛이 전혀 다르기 때문에
초콜릿이 아니라고 생각하는 사람도 많습니다.

화이트초콜릿

- 코코아버터 20% 이상
- 유고형분 14% 이상
  우유에서 수분을 뺀 것.
- 유지방 2.5% 이상
  우유 속에 있는 지방

식품공전에 따르면, 화이트 초콜릿은
코코아버터를 20% 이상 함유하고, 유고형분이 14% 이상,
유지방 2.5% 이상인 것을 말합니다.

요즘은 코코아 버터를 쓰지 않고 식물성 기름을 이용해
화이트 초콜릿 맛만 내는 제품들이 있기 때문에
제품 성분을 꼭 확인하셔야 합니다.

정리하면 화이트 초콜릿은
카카오에서 분리된 코코아 버터를 재료로 만든 것으로
초콜릿에 속하지만 일반 초콜릿과는 다른 맛을 가지고 있습니다.

21

코끼리 맥주는
왜 가격이 쌀까?

마트에 가면 코끼리나 고래가 그려진 맥주가 있죠?

이 맥주는 일반 맥주에 비해 가격이 싸서
부담 없이 마실 수 있습니다.

그런데 이 맥주는 어떻게
이렇게 싼 가격으로 판매할 수 있을까요?

혹시 품질이 낮은 원료를 쓰는 걸까요?

방송에 나오는 코끼리 맥주 광고를 자세히 보면
'맥주'라는 말이 나오지 않는 것을 알 수 있습니다.

겉보기엔 맛과 색, 거품까지 맥주와 똑같은데 말이죠.

맥주란 말을 쓰지 않는 이유는 이 술이 국내 기준으로 볼 때
맥주의 기준에 못 미치기 때문입니다.

麥 酒
보리맥 술주

맥아 (몰트)
보리의 싹을 틔운 것

맥주는 이름처럼 보리의 싹을 틔운 맥아가 주원료인데요.

주세법 시행령을 보면 맥주 제조의 기준을
다음과 같이 설명하고 있습니다.

[주세법 시행력 별표3 라목] …맥주의 제조에 있어서 그 원료
곡류 중 발아된 맥류의 사용중량은 녹말이 포함된 재료, 당분
또는 캐러멜의 중량과 발아된 맥류의 합계중량을 기준으로 하
여 100분의 10이상이어야 하고… [이하 생략]

다시 말해 맥주 원재료 중에서
맥아가 10% 이상이면 맥주라고 부를 수 있는 건데요.

이는 다른 나라의 맥주 기준에 비해서 상당히 낮은 편입니다.

이렇게 맥아 함량을 낮게 정한 이유는 많은 범위의 술을
맥주에 포함시켜 세금을 매기려는 것입니다.
술은 국민 건강을 위협하고 사회기강을 흔들 수 있기 때문에
무거운 세금을 매기는데요.

우리나라에서는 술의 종류에 따라 세금이 다른 것이 특징입니다.

특히 맥주는 주세가 높은 편인데요.

코끼리 맥주는 맥주의 범위에서 벗어나기 위해
맥아 함량을 낮춘 술입니다.
이렇게 해서 원료가격과 세금을 줄여 가격을 낮춘 것입니다.

따라서 코끼리 맥주는 맥아 함량이 10%도 안 들어 있는데요.
대신 맛을 보완하기 위해 다른 첨가물을 넣는다고 합니다.

일본은 이 술의 원조라고 할 수 있는데요.
일본에서는 맥주 대신 '발포주'란 이름을 사용하고 있습니다.

심지어 일본에는 아예 맥아를 넣지 않은
'제 3의 맥주'도 있다고 하는데요.
이쯤되면 더 이상 맥주라고 부를 수 없을 것 같네요.

정리하면 코끼리 맥주는 맥주의 주원료인 맥아를 적게 넣어
원료비용과 세금을 줄여 가격을 낮춘 제품입니다.

참고로 주세법 기준과 달리 대부분의 우리나라 맥주는
맛을 위해 맥아 함량이 60-70% 이상이라고 합니다.

스파게티면은
무엇으로 만드나요?

스파게티를 좋아하는 달쏭이는
항상 면을 삶으면 배고파 쓰러질 뻔합니다.

스파게티면을 삶으려면 10분이나 걸리기 때문이죠.

왜 스파게티면은 이렇게 오래 삶아야 할까요?
라면은 2분 만에 익는 것도 있는데요.

스파게티를 먹으면서 달쏭이는 이런 생각이 들었습니다.
스파게티면은 무엇으로 만든 것일까?

보통 면이라고 하면 대부분 밀가루로 만들 텐데요.
스파게티면은 왜 그렇게 딱딱하고 누런 색을 띄는 걸까요?
혹시 원재료가 다른 걸까요?

먼저 스파게티면 포장지 뒤편을 살펴보면
원재료명에 **'듀럼밀 세몰리나'**라고 되어 있는데요.
아, 역시 밀가루가 아니라는 거군요.
그럼 듀럼밀 세몰리나는 무엇일까요...?

사실 스파게티면은 밀가루를 사용하는 것이 맞습니다.

하지만 우리가 사용하는 밀과는 전혀 다른
듀럼밀을 원재료로 하고 있죠.

'듀럼'은 딱딱하다는 뜻인데요.
이 곡식은 밀 중에서도 엄청 딱딱한 편이고,
색깔도 진한 노란색입니다.

Durum Wheat

우리에겐 다소 생소한 듀럼밀은
유럽과 아프리카 북부 지방에서 아주 익숙한 밀입니다.
인간이 처음 밀을 키우기 시작한 기원전 7000년 전부터
유럽에서는 듀럼밀을 재배하기 시작했다고 합니다.

현재 듀럼밀은 빵을 비롯해 다양한 음식에 사용되는
일반 밀과 함께 세계인들이 즐겨 먹는 밀이 되었습니다.

세몰리나(Semolina)

그럼 '세몰리나'는 무슨 뜻일까요?
세몰리나는 이탈리아어로 **'가루'**란 뜻으로
듀럼밀을 거칠게 빻아 가루로 만든 것입니다.

스파게티를 포함한 파스타면은 대부분
듀럼밀 세몰리나를 반죽해 만듭니다.
듀럼밀은 좋은 점이 많은데요.
단백질이 많이 들어 있고 열량도 일반밀에 비해서 낮습니다.

또 입자가 거칠어 소화도 천천히 되고,
혈당도 천천히 올리기 때문에
당뇨병 환자들도 먹을 수 있는 착한 식재료입니다.

대신 단단한 면이기 때문에 오래 삶아야 먹기 좋습니다.

너무 배가 고파도 조금만 참아주셔야 될 것 같네요.

정리하면 스파게티면은 듀럼밀이 원재료인데요.
듀럼밀은 일반밀과 달리 노랗고 딱딱하며
단백질 함량이 높은 밀로 파스타를 만들때 사용합니다.

23

돼지고기가
왜 갈매기살인가요?

한국인이 **가장 사랑하는 고기**는 무엇일까요?
역시 **돼지고기**죠!

우리는 돼지고기를 즐겨 먹는 만큼 돼지고기를
다양한 부위로 나누고 거기에 이름을 붙이고 있습니다.

전문가가 아니더라도 보통 돼지갈비와
삼겹살, 목살은 잘 알고 계실 텐데요.

혹시 갈매기살, 항정살, 가브리살은
돼지의 어느 부위인지 생각해보셨나요?
돼지고기 부위별 이름과 용도를 간단하게 정리해보겠습니다.

먼저 돼지고기의 기본 부위들을 알아볼까요?

가장 먼저 이야기할 부위는 역시 **삼겹살**이죠.
삼겹살은 갈비뼈에서 배까지 넓게 퍼져 있는 부위를 말하는데요.
한국 사람이 가장 좋아하는 돼지고기 부위입니다.

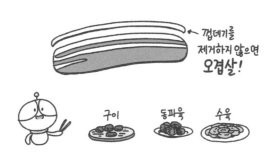

삼겹살은 살과 지방이 세 번 겹쳤다고해서 삼겹살인데요.
대부분 구이로 많이 먹고 있습니다.
참고로 오겹살은 돼지껍데기를 제거하지 않은 삼겹살입니다.

갈비는 돼지갈비뼈와 함께 붙은 살을 말하는 건데요.
첫 번째 갈비뼈부터 4,5번째 갈비뼈까지의 부위를 말합니다.
갈비는 양념에 숙성시켜 갈비구이에 많이 사용하는데요.
찜으로도 많이 사용하죠.

사실 돼지갈비는 그 양이 많지 않기 때문에
다른 부위를 섞어서 사용합니다.
따라서 돼지갈비는 부위라기 보다 갈비 양념을 이용해 만든
요리의 이름이라고 생각하는 게 좋을 것 같네요.

목심이라고도 하는 **목살**은 이름처럼 돼지 목 부위인데요.
목과 등심이 연결되는 부위로 사람으로 치면 뒷덜미입니다.
목살 역시 한국인에게 사랑받는 부위로
구이, 찌개, 보쌈 등 다양한 재료로 사용됩니다.

등심은 돼지의 등부분에 길게 뻗어 있는 부위를 말하는데요.
지방이 적고 고기맛이 담백해 돈까스, 탕수육,
스테이크 재료로 많이 사용하고 있습니다.

안심은 갈매기살 뒤에 있는 살로 등심보다
지방이 더 적고 부드러운 부위인데요.
양이 적어 돈까스로 만들면 더 비싸게 받는 부위입니다.
안심은 탕수육, 꼬치구이, 장조림 재료로도 쓰이죠.

앞다리살은 전지라고도 하는데요.
발목 위에서 어깨까지의 부위를 말하며.
어깨살 이라고도 합니다. 질기지만 씹는 맛이 좋아 김치찌개,
수육, 제육볶음 등 다양한 요리에 사용됩니다.

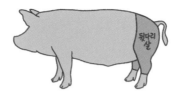

뒷다리살은 후지라고도 하는데요.
엉덩이가 포함되어 있어 볼깃살이라고도 합니다.
역시 발목 위에서 골반까지의 부위를 말합니다.

앞다리살로
만든 족발이
더 비싸요!

참고로 족발은 돼지 발목과 앞다리살과 뒷다리살을 사용하는데,
앞다리살을 더 고급으로 쳐줍니다.

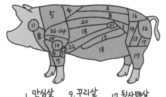

1. 안심살	9. 꾸리살	17. 뒷사태살
2. 등심살	10. 부채살	18. 삼겹살
3. 알등심살	11. 주걱살	19. 갈매기살
4. 등심덧살	12. 볼깃살	20. 등갈비
5. 목심살	13. 설깃살	21. 토시살
6. 앞다리살	14. 도가니살	22. 오돌삼겹
7. 앞사태살	15. 홍두깨살	23. 24. 갈비, 갈빗살
8. 항정살	16. 보섭살	25. 마구리

다음은 특수부위지만 대중화되어
정육점에서도 쉽게 구할 수 있는 부위들입니다.

항정살은 돼지 목살 중에서 목덜미부분에 있는 살인데요.
천겹살, 모소리살이라고도 부릅니다.
양이 많지 않아 값이 비싼 특수부위입니다.
기름기가 많고 마블링이 잘되어 있어 구이용으로 많이 쓰입니다.

갈매기살은 많은 분들이 갈매기 고기인 줄 착각하는데요.
돼지의 가슴과 배를 나누는 가로막에 붙은 살을 말합니다.

가로막 → 가로매기 → 갈매기

그래서 **가로막살**이라고도 하는데요.
가로막이란 발음이 점점 변형되어
갈매기살로 바뀌었다고 합니다.
갈매기살은 근육이 단단하여 쫄깃한 식감을 자랑하는 부위로
구이로 많이 먹고 있습니다.

가브리살은 등심덧살이 정식 이름으로, 가브리는 '뒤집어쓰다'란
일본어 '가부루'에서 유래되었다고 하네요.
가브리살은 아주 적은 양이지만 지방과 살코기가 적당히 붙어서
쫄깃한 맛이 좋아 구이로 많은 분들의 인기를 얻고 있습니다.

등갈비는 5, 6번째 갈비뼈부터
마지막 갈비뼈에 살을 붙여 떼어낸 것을 말하는데요.
갈비 사이에 붙은 뼈를 뜯어먹는 재미가 대단합니다.

사태는 앞다리살과 뒷다리살 중
몸통과 다리가 겹치는 부위를 말합니다.
우리말로 이 부분을 '샅'이라고 하는데요.
'샅의 고기'가 변형되어 사태고기가 되었다고 합니다.
사태는 장조림으로 많이 쓰이는 부위입니다.

식품의약품안전처는
〖식육의 부위별·등급별 및 종류별 구분방법〗고시에서
돼지고기를 7개 대분할부위명칭과
25개의 소분할부위명칭을 지정했습니다.

하지만 돼지고기 구이집은 정육점에서는 볼 수 없는
다양한 부위에 이름을 붙여 판매하고 있는데요.
돼지 관자놀이 부근의 뽈살, 돼지 콧등살 등이 그것입니다.

이런 특수부위는 잘 알려지지 않은 부위를 팔기 위해
상업적으로 개발한 경우가 많습니다.

마지막으로 **뒷고기**는 어떤 특정한 부위를 말하는 것이 아니라
돼지고기를 해체할 때 나오는 잡고기들을
뒷고기라고 부른다고 합니다.
유통하기 어려워 뒤로 나가는 고기라고 해서 뒷고기라고 하네요.

24

북어와 황태는
무엇이 다를까?

알쏭이와 달쏭이는 코다리를 사러 전통시장에 갔다가
깜짝 놀랄 사실을 알게 되었습니다.

코다리와 황태, 북어, 그리고 동태가
사실 **같은 물고기**라는 것입니다.

그동안 알쏭이와 달쏭이는 코다리와 황태를 놓고
어느 것이 더 맛있는지 다투고 있었는데 말이죠……

이 다양한 이름들은 모두 명태의 다른 이름이라고 하는데요.
명태는 무슨 이유로 이렇게 많은 이름을 가지게 되었을까요?
그리고 그 이름의 뜻은 무엇일까요?

명태는 차가운 바다에서 사는 물고기로
우리나라 동해에서 많이 잡히던 생선입니다.

차가운 바다에 사는 물고기인 만큼 함경도에서 많이 잡혔는데요.
이름에 관한 재미있는 이야기가 있습니다.

옛날 함경도 명천에 사는 태씨 성을 가진 어부가
이 물고기를 관리에게 바쳤는데요.

너무 맛있어서 물고기의 이름을 물었는데 아무도 알지 못하자,
명천과 **태씨**의 앞글자를 따와 **명태**라고 지었다고 합니다.

명태는 어떻게 잡았는지, 어떻게 가공했는지에 따라
수십 가지의 이름을 가지고 있습니다.

명태를 갓 잡아 그대로 유통하는 것은 **생태**라고 하고요,
바닷가에서 말린 것은 **북어**라고 합니다.

또 반쯤 말려서 꾸덕꾸덕하게 만든 것은 **코다리**라고 하고요,
얼려서 유통하는 것은 **동태**라고 합니다.

황태는 명태를 일교차가 큰 강원도 산간지역에서 말린 것으로
노랑태라고도 부릅니다.

이곳에서 명태를 말리면 명태가 얼었다 녹았다를 반복하면서
노란색으로 변하며 독특한 맛을 가지게 됩니다.

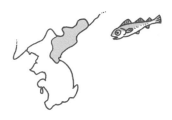

황태는 함경도가 원조이지만 분단이 된 후
남한에서 따로 만들게 되었는데요.
남한은 북한처럼 춥지 않았기 때문에
기온이 낮은 강원도 산간 지역에서 말리게 되었습니다.

짝태

짝태는 명태를 반으로 갈라 쫙 펴고,
소금으로 밑간을 해서 말린 것인데요.
북한에서 유행하던 것이 연변을 통해
우리나라로 들어왔다고 합니다.

먹태는 황태를 만들다가 날씨가 따뜻해지고
햇빛이 부족해 검은색이 된 것을 가리킵니다.

노가리는 명태 새끼를 말린 것인데요.
맛이 좋아 술안주로 아주 인기가 있습니다.

그런데 지금은 노가리가 부족하기 때문에 시중에는 명태 대신
대구 새끼를 말린 것을 노가리로 많이 사용하고 있습니다.

특히 노가리는 어린 물고기이기 때문에
자원보호를 위해서 먹지 않는 것이 좋겠습니다

명태가 이렇게 많은 이름을 가지고 있는 것은
그만큼 한국인에게 많은 사랑을 받았기 때문인데요.
하지만 이제는 명태의 씨가 말라
외국에서 수입해 먹는 형편이 되었습니다.

명태가 다시 우리 바다로 돌아오게 하기 위해서는
우리 스스로 노력해야겠습니다.

25

코스피와 코스닥
무엇이 다를까?

경제뉴스를 보면 항상 나오는 말 중에
코스피와 코스닥이 있습니다.

이 말이 주가지수란 것을 잘 아는 사람도 있고,
모르는 사람도 있을 텐데요.

코스피와 코스닥이 정확히 어떤 것이고
어떤 차이가 있는지는 알고 계신가요?

KOSPI

KOrea composite **S**tock **P**rice **I**ndex
한국　　　종합　　　주가　　　지수

먼저 코스피는 **'한국 종합 주가지수'**란 뜻인데요.

유가증권시장에서 거래되는 기업들의 주식가격 변동을
종합 · 정리해서 만든 지수를 말합니다.

유가증권시장이란 우리가 잘 알고 있는
주식시장이라고 보면 되는데요.

이 시장에는 우리에게 익숙한
대기업의 주식이 거래되고 있습니다.

제 1 시장

그래서 제 1시장이라고 하지요.

코스피는 제 1 시장인 만큼 진입 장벽이 꽤 높습니다.

상장 (上場)

주식시장(場)에 회사의 이름이 올라가는(上) 것

코스피의 한 종목으로 등록되는 것을 '상장'이라고 하는데요.

코스피 상장요건

자기자본 300억원 이상
상장주식수 100만주 이상
일반주주 700명이상

코스피에 상장되려면 300억 원 이상의 자기자본이 필요합니다.

KOSDAQ
KOrea Securities Dealers
Automated Quotation

반면 코스닥은 **'한국 증권 거래인 자동시세 통보체계'**라는
조금 이상한 뜻을 가지고 있는데요.
비슷한 기능을 하는 미국의 나스닥의 이름을 본떠서 그렇습니다.

코스닥은 벤처 기업 · 중소기업에 안정적인 자금을
공급하기 위해 만들어진 코스닥 시장의 지수를 말합니다.
다시 말해 코스닥은 코스피와는 다른, 별개 시장의 지수인 것이죠.

코스닥 시장은 1996년에 만들어진 신생 시장인데요,

만들어진 취지에 맞게 새롭게 성장하는
중소기업과 벤처기업이 몰려 있습니다.

코스닥상장요건

상장요건을 세분화하여
중소 벤처기업 진입의 문턱을 낮춤
기술성장 기업의 경우 자기자본 10억원

코스닥은 중소기업과 벤처기업을 위한 시장이니만큼
코스피보다 상장 문턱이 낮다는 장점이 있습니다.

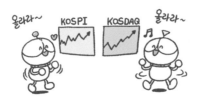

정리하면,
코스피와 코스닥은 서로 다른 주식시장 지수를 말하는 것으로
코스피는 대기업들이 모여있는 **유가증권시장**의 지수,
코스닥은 **중소기업**과 **벤처기업**이 모여있는
코스닥시장의 주가지수를 말합니다.
이 두가지 주가지수를 보면 주식시장
전체의 움직임을 알 수 있게 됩니다.

그럼 여기에서 돌발 퀴즈!

코스피와 코스닥 지수는 어떻게 계산하는 걸까요?

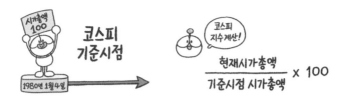

$$\frac{현재시가총액}{기준시점 시가총액} \times 100$$

코스피는 코스피지수의 기준일로 잡는
1980년 1월 4일의 시가총액을 100으로 하고
현재의 시가총액과 비교하여 계산합니다.

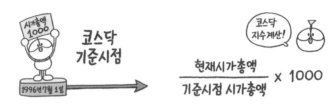

$$\frac{현재시가총액}{기준시점 시가총액} \times 1000$$

마찬가지로 코스닥도 기준일로 잡는
1996년 7월 1일의 시가총액과 현재의 시가총액을 비교하는데요.
아무래도 코스피보다 시가총액이 많게 출발했기 때문에
기준점의 시가총액을 1000으로 하고 있습니다.

이제 코스피와 코스닥의 차이를 아셨나요?

26

주식과 채권
어떤 차이가 있을까?

투자에 관심을 가진 사람이라면
반드시 알아야 하는 분야가 있는데요. 무엇일까요?
네, 바로 주식과 채권입니다.

주식과 채권은 둘 다 재산으로 가치가 있는 증권인데요.

투자자는 이익을 얻기 위해서 주식과 채권을 사고,
회사는 이 돈으로 기업을 운영합니다.

얼핏보면 주식과 채권은 비슷한 기능을 하는 것 같은데요.

주식과 채권, 어떤 차이가 있을까요?

주식은 회사의 자본을 만들기 위해 발행하는 증권으로

주식을 사면 투자자는 그 회사의 주인, 즉 **주주**가 됩니다.

회사는 주주의 돈을 자금으로 회사를 운영하고,

이를 통해 벌어들인 이익을 주주에게 돌려줍니다.

주주는 회사운영에 참여할 수 있는 자격도 갖는데요,

자신이 가지고 있는 주식의 수만큼의 권리를 갖게 됩니다.

또한 주식은 거래소에서 자유롭게 사고 팔수도 있는데요.
회사의 가치가 변하면 주식 가격도 변하기 때문에
주식을 거래하면서 이익을 얻을 수 있죠.

반면 **채권**은 회사가 큰 자금을 모으기 위해
발행하는 증권으로 쉽게 말하면 **빚문서**라고 보면 됩니다.

채권은 회사뿐 아니라 공공기관, 국가도 발행할 수 있습니다.

투자자들에게 돈을 빌리는 것이기 때문에 돈을 돌려줘야 하는
만기가 있고, 정해진 조건에 따라 이자를 받을 수 있습니다.

회사 일은
회사가!

채권은 단순히 돈을 빌리는 것이기 때문에
회사 운영에는 참여할 수 없고

주식처럼 거래소에서 사고팔 수도 있지만
주식거래만큼 큰 이익을 보기는 어렵습니다.

하지만 큰 손해도 입지 않기 때문에
주식보다는 안전한 것으로 평가받고 있습니다.

회사자본
배당금
운영권

자금 조성
공공기관,국가
회사가 발행
만기 있음
이자수익

정리하면 주식은 자본금을 만들기 위해 발행하는 증권이고,
채권은 대규모 자금을 만들기 위해 발행하는 증권입니다.
이제 주식과 채권의 차이를 아셨나요?

금리란 무엇일까?

옥탑방에 세들어 사는 외계인 알쏭이와 달쏭이. 서울살이가 쉽지가 않은데요. 어느 날 뉴스를 보다가 대출을 받아 집을 사는 사람들을 보게 되었습니다. 알쏭이와 달쏭이는 혹시 자기들도 대출을 받을 수 있을까 궁금해 은행을 찾아갔는데요. 직원의 설명이 도저히 이해가 되질 않습니다. 대출을 알아보러 왔는데 왜 묻지도 않은 금리를 이야기하는 걸까요?

금리, 도대체 무엇인가요?

금리는 '돈에 붙는 이자'란 뜻인데요. 이자는 돈을 빌릴때 내야 할 사용료를 말합니다. 그러니 은행이 돈을 빌려줄때 금리를 설명해주는 건 당연하겠죠. 경제가 좋아지면 돈을 빌리려는 사람이 많아지므로 금리가 오르게 되고, 경제가 나빠지면 소비가 줄기 때문에 금리를 내리게 됩니다. 그런데 금리가 은행마다 제멋대로라면 경제가 혼란스러워지겠죠? 그래서 한 나라의 정부는 자국의 안정적인 경제를 위해 기준이 되는 금리를 만드는데요. 이것을 기준금리라고 합니다.

기준금리는 우리나라 돈의 흐름을 관리하는 한국은행이 결정하는데요. 경제가 나쁘면 기준금리를 내려 돈이 활발하게 돌 수 있도록 하고, 반대로 돈이 많이 풀려 경기가 너무 과열되어 있으면 기준금리를 올려 시장을 안정시키죠.

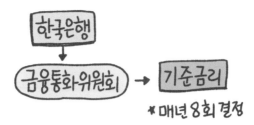

이렇게 만들어진 기준금리는 경제 전반에 영향을 미칩니다. 영향을 받는 순서는 기간이 짧은 대출이 먼저인데요. 가장 먼저 은행끼리 돈을 빌리는 초단기 시장금리인 콜금리가 영향을 받습니다. 그다음에 만기가 짧은 단기 금융시장금리가 영향을 받고, 나중에는 만기가 넉넉한 장기 금융시장금리도 영향을 받습니다. 이렇게 장단기 금융시장의 금리가 변하면 국민이 실제로 자주 이용하는 예금이자와 대출금리도 바뀌게 되는데요. 이렇게 되면 환율과 물가 등 국민들이 피부로 느끼는 실물경제도 영향을 받게 됩니다.

기준금리는 환율에도 영향을 주는데요. 기준금리가 올라가면 원화의 가치가 올라갑니다. 그러면 해외투자자들이 이자수익을 얻기 위해 우리나라에 투자할 것이고, 원화 가치가 상승하기 때문에 환율이 내려가게 됩니다.

정리하면 금리는 돈을 빌리는 사용료를 말하고 경제 상황에 따라 오르고 내립니다. 정부는 경제를 안정시키기 위해 기준금리를 정기적으로 발표하는데 이것은 경제 전반에 영향을 끼칩니다.

28

손흥민, 류현진의 연봉은 GDP에 속할까?

뉴스를 보면 매년 세계 GDP 순위를 발표하는데요.
대한민국은 세계 10위권을 유지하고 있습니다.

GDP가 무엇인지는 잘 몰라도
우리나라가 10위권이라고 하니 괜히 뿌듯한 마음이 드네요.

그런데 글자만 하나 다른 GNP가 나오면 갑자기 헷갈려집니다.
GDP 와 GNP, 그 뜻은 무엇이고 어떤 차이가 있나요?

Gross Domestic Product
모두 모은 것   국내   생산물

GDP는 '**국내 총생산**'이란 뜻입니다.

국내라는 뜻은 **한 나라의 영토 안**을 말하는데요.

나라 안에서 만들어낸 모든 생산을 합한 것이
바로 국내총생산입니다

GDP는 **영토가 기준**이기 때문에 나라 안에 있는 내국인과
외국인, 외국인회사가 생산한 모든 것이 포함됩니다.

예를 들어 해외에서 활약 중인 손흥민 선수나 류현진 선수가
해외에서 벌어들인 수입은 GDP에 포함되지 않는 것이죠.

Gross Natinal Product
모두모은것　　　국민　　　　생산물

이에 비해 **GNP**는 **'국민총생산'**이란 뜻인데요.

대한민국 국민이 기준이기 때문에 국내와 국외에서 활동하는
국민이 만들어낸 모든 생산을 합한 것입니다.

GNP로 따져보면 손흥민 선수나 류현진 선수는
한국 국적이기 때문에 두 선수의 수입은 GNP에 포함됩니다.
반대로 국내에 있더라도 외국인 회사와 외국인 노동자가
만들어낸 생산은 GNP에 포함되지 않습니다.

1990 GNP
2000 GDP

1990년대까지는 주로 GNP를 사용했는데요.
2000년대 들어서는 GDP로 순위를 매기는 추세입니다.

지금은 세계화 시대이기 때문에 많은 외국인들이
우리나라에 와서 일하고 있고
우리나라 사람도 해외진출을 많이 하고 있어서

국적보다는 영토를 기준으로 한 GDP가
한 나라의 경제규모를 정확히 나타낼 수 있습니다.

GDP와 GNP는 1년 동안 한 나라가 생산한
물품과 서비스의 양을 기준으로 삼고 있습니다.
생산이 많다는 것은 활발한 경제활동을 했다는 증거니까요.

하지만 GDP가 높다고 해도
반드시 잘사는 나라라고 할 수는 없습니다.

나라의 경제규모가 크다고 해서 개인이 잘사는 건 아니니까요.

예를 들어 인도는 GDP 5위의 경제대국이지만
인구대국이기도 해서 1인당 GDP는 하위권에 머무르고 있습니다.

정리하면 GDP는 한 나라 영토 안에서 1년 동안 만들어진
생산을 모두 합한 것이고, GNP는 한 나라 국민이 1년 동안
만들어낸 생산을 모두 합한 것입니다.

주가가 떨어져도 돈을 벌 수 있다? 공매도!

깊은 산속에 살던 쏭생원은 어느 날 돈을 벌어야겠다고 생각하고 한양으로 향했습니다. 한양에 도착한 쏭생원은 한양 제일 부자를 찾아가 곶감 만 개를 빌렸습니다.

쏭생원은 빌린 곶감 만 개를 시장에 모두 내다팔고는 엽전꾸러미와 함께 방 안에서 빈둥대며 아무 일도 하지 않았습니다. 돈을 빌려준 부자는 이상하게 생각했죠. 그런데 시장에 곶감 만 개가 한꺼번에 풀리자 곶감 가격이 뚝 떨어져버렸습니다.

곶감 가격이 떨어지자 그제서야 쏭생원은 시장에 나가 곶감 만 개를 다시 샀습니다. 물론 자기가 팔 때보다 훨씬 싼 가격에 말이죠.

앉아서 삼천 냥을 번 쏭생원에게 부자가 물어봤습니다.

"이보시오, 당신이 한 투자기법이 무엇이오?"

그러자 쏭생원이 말했습니다

"바로 공매도라고 합니다!"

空賣渡
빌 공 팔 매 건널 도
: 없는 것을 판다

공매도는 '없는 것을 판다'는 뜻인데요. 자신에게 없는 주식을 빌려서 파는 투자기법입니다. 투자자는 가격이 떨어질 것 같은 주식을 찾아서 그 주식을 가지고 있는 기관에게 수수료를 내고 일정기간 빌린 후 이것을 팔아 현금으로 만듭니다.

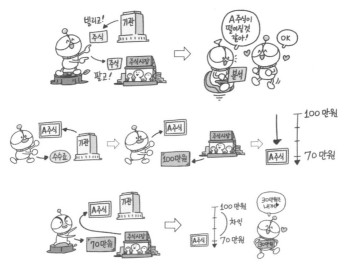

나중에 주식 가격이 떨어지면 이 주식을 싼값에 사서 기관에게 돌려줍니다. 이렇게 하면 팔 때와 살 때의 가격이 차이가 나서 투자자는 이익을 얻게 되죠.

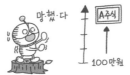

물론 예상과 달리 주가가 올라가면 투자자는 손해를 입겠죠.

공매도는 규모가 큰 거래를 하기 때문에 덩치가 큰 기관투자자들이 하기 쉽고 적은 금액으로 투자하는 개인투자자들은 하기 어렵습니다. 주식시장은 한번 가열되면 주식을 사려는 사람만 늘어나 가격이 끝없이 올라갑니다. 공매도는 이럴 때 팔자 분위기를 만들어주어 주가의 거품을 빠지게 하고, 팔았던 주식을 다시 사들이기 때문에 주가가 더 이상 떨어지는 걸 막아주는 역할을 합니다. 그리고 주식시장에 주식을 대량으로 유통시키기 때문에 시장이 활성화되고, 주식 가격이 하락하는데도 수익을 낼 수 있기 때문에 위험을 회피할 수 있는 헤지 역할도 합니다.

하지만 공매도는 주식가격을 폭락시키고 주식시장을 불안하게 만들 수 있기 때문에 경제 위기 때에는 공매도를 금지시키기도 합니다.

정리하면 공매도는 주식을 빌려 시장에 팔고, 주식가격이 떨어지면 싼값에 다시 사들여 되갚아 그 차익을 얻는 투자기법입니다.

사모펀드란 무엇일까?

방송에 자주 나오는 펀드 용어 중에서 사모펀드가 있습니다.

뜻을 모르는 사람은 '사모'가 어떤 의미인지 알 수가 없습니다.

또 사모펀드하면 공모펀드를 배놓을 수가 없는데요.
사모펀드는 무엇이고, 공모펀드와는 어떤 차이가 있는지,
지금부터 알아보도록 하겠습니다.

私 募
사사로울 **사** 모을 **모**

사모펀드의 사모는 한자어로
'개인적으로 사람들을 모집했다'는 뜻입니다.
즉 사모펀드는 개인 투자자를 모집해
투자하는 펀드를 말하죠.

민간펀드, 개인투자펀드 등
좀 더 쉬운 말로 만들어도 되었을 텐데요.

公 募
공평할 **공** 모을 **모**

사모펀드의 반대편에는 금융위원회가 감독하는
공모펀드가 있습니다.
공모펀드는 역시 한자어로 **'공개적으로 모집한'** 펀드란 뜻입니다.

공모펀드는 사모펀드와 달리 공개적으로 펀드를 홍보해
대규모의 투자자를 모아 운용하는 펀드를 말합니다.

우리에게 익숙하고 투자가 가능한 펀드는 대부분 공모펀드입니다.

많은 일반 투자자들이 참여하기 때문에 공모펀드는
금융위원회가 투자내용을 정확히 알리도록 강제하며
투자자를 보호하고 있습니다.

이에 비해 사모펀드는 소규모의 투자자가 모여
자금을 모아 투자하는 펀드인데요,

한 투자자당 억대 이상의 자금이 투자되기 때문에
고액 투자자만이 투자를 할 수 있습니다.

사모펀드라고 해서 거액의 자산가들만 참여하는 것은 아니고요,
자금을 가진 기관투자자들도 사모펀드에 참여하고 있습니다.

사모펀드의 장점은 소수의 투자자가
비공개로 투자하는 것이기 때문에 자금 운용도 자유롭고,
공격적으로 투자하여 큰 수익을 얻을 수 있습니다 .

물론 그만큼 위험도 크고,
공모펀드처럼 투자자를 보호하는 장치가 없기 때문에
큰 손실을 입을 수도 있죠.

사모펀드는 운용방식에 따라
전문투자형과 경영참여형이 있는데요,
전문투자형을 보통 **헤지펀드**라고 부르고
경영참여형을 보통 일반적인 사모펀드라고 부릅니다.

경영참여형 사모펀드는 투자자의 자금으로 기업을 사거나
경영권을 인수하여 기업 가치를 높인 뒤
되팔아 이익을 얻는 것을 목적으로 하고 있습니다.

정리하면 사모펀드는 소수의 고액투자자들을 모집해
자유롭고 공격적으로 투자하는 펀드로
주로 기업경영에 참여하고

공모펀드는 다수의 투자자를 모집해
다양한 분야에 투자하는 펀드입니다.
이제 사모펀드와 공모펀드의 차이에 대해서 잘 알 수 있겠죠?

31

재산세와 종합부동산세는
어떻게 다른 것일까?

부동산을 가지고 있는 사람은 매년 세금을 내야 합니다.

뉴스에 자주 나오는 부동산보유세가 바로 이것인데요.

부동산보유세는 재산세와 종합부동산세를 말합니다.

그런데 재산세와 종합부동산세는 왜 나뉘어져 있는 걸까요?
재산세에 이미 부동산세가 들어 있는 것 아닌가요?
재산세와 종합부동산세, 어떻게 다른 걸까요?

재산세는 자신이 가지고 있는 재산만큼 내는 세금입니다.

여기에서 '재산'이란 토지, 건축물, 주택,
선박 및 항공기를 말하고요, 현금은 해당하지 않습니다.
현금은 현금을 얻는 과정에서 이미 세금을 내기 때문이죠.

재산세는 매년 6월 1일을 기준으로 정해지는데요,
재산의 소유가 불분명할 때는 그 재산의 사용자나
계약자, 위탁자, 상속인이 세금을 내야 합니다.

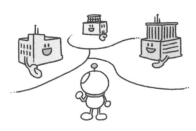

재산세는 지방자치단체가 걷는 지방세이기 때문에
재산이 있는 지역의 기관에 내야 합니다.
만약 재산이 여러 지역에 있다면 지방자치단체를
찾아다니면서 각각 따로 세금을 내야 하지요.

재산세는 7월과 9월에 나누어 내는데요.
이는 한 번에 내게 하면 납세자에게 부담이 되기 때문에
두 번에 걸쳐서 납부하도록 한 것입니다.

그럼 종합부동산세는 뭘까요?
종합부동산세는 고액의 부동산을
가지고 있는 사람에게 물리는 세금입니다.

종합부동산세를 만든 취지는
'부동산보유에 대한 조세부담의 형평성을 제고하고
부동산 가격안정을 도모하기 위함'이라고
법령에 규정되어 있습니다.

종합부동산세는 재산세와 달리 주택과 토지에만 세금을 물리죠.

주택은 1채일 경우 11억 원 이상,
2채 이상일 경우 6억 원 이상일 때 내야하고,
토지는 5억원 이상일 때 내야 합니다.

이때 부동산의 가격은 공시가격을 기준으로 하기 때문에
실제 거래가격은 이보다 훨씬 높겠죠.

종합부동산세는 국세이기 때문에 세무서에 내야 하고요,
매년 12월 1일부터 15일까지 납부해야 합니다.

종합부동산세는 재산세와 이중과세가 되지 않기 위해
이미 납부한 재산세의 금액만큼 빼고 납부하게 되어 있으며
세금을 내기 어려운 1주택자와 은퇴자를 위한
제도도 마련되어 있습니다.

정리하면,
재산세는 자신이 가지고 있는 재산에 매년 붙는 세금이고
종합부동산세는 고액의 부동산에 붙는 세금입니다.

32

민사와 형사,
어떤 차이가 있을까?

법정 드라마에서 빼놓을 수 없는 재미는
검사와 변호사의 치열한 공방이죠.

검사가 여러가지 증거를 들이대며 압박을 가하고,
변호사가 그 공격을 막아내는 과정은 정말 흥미진진합니다.

그런데 우리에게 익숙한 재판은 크게
민사재판과 **형사재판**으로 나뉘는 것 아시나요?
그리고 둘 중 하나에는 검사가 출석하지 않는다는 사실
아시나요? 민사재판과 형사재판, 과연 어떤 차이가 있을까요?

재판은 어떤 문제가 생겼을 때 국가기관인 법원이
양측의 의견을 듣고 결론을 내려주는 것입니다.

판사가 내린 판결은 국가기관이 내린 결론이기 때문에
가장 믿음직한 것이죠.

재판은 민사재판, 형사재판, 행정재판, 가사재판 등
여러 종류가 있는데요.
이 중에서 우리에게 가장 잘 알려진 것이
민사재판과 형사재판입니다. 줄여서 민사와 형사라고 하죠.

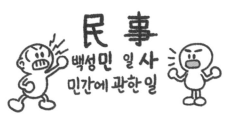

먼저 민사재판에 대해 알아볼까요?
민사재판은 **개인과 개인 간의 다툼**을 해결하는 재판입니다.

개인간의 다툼이라고 하면 손해배상, 계약금 반환 등
주로 금전과 관련된 부분이죠.
재판을 요구하려면 개인 한 사람이
상대방에게 소송을 해야 하는데요,

소송을 건 사람은 **원고**, 소송을 당한 사람은 **피고**라고 합니다.
재판이 시작되면 원고와 피고는 판사 앞에서
자신의 주장을 펼쳐야 하는데요.

법률문제는 어려운 것이기 때문에
법률전문가와 함께 출석하게 되죠.
이들이 바로 여러분들이 아시는 **변호사**입니다.

판사는 원고와 피고의 이야기를 듣고
어느 쪽의 주장이 맞는지 판단하고 결정합니다.

민사재판은 누구의 주장이 맞는지만 가릴 뿐,
소송에서 졌다고 벌을 받지는 않습니다.

반면 형사소송은 **국가와 개인과의 문제**를 다루는 재판입니다.

폭행, 절도, 강도, 살인 등
사회질서를 어지럽히는 범죄행위가 발생했을 때는
사회 정의를 위하여 범죄자에게 벌을 주어야 하는데요.

이를 위해 국가를 대변하는 **검사**가
범죄 피의자에게 소송을 하는 것입니다.

형사재판은 소송을 제기하는 쪽에 검사가 출석하고,
피고인 측에는 변호인이 출석합니다.

검사는 수집한 여러가지 증거를 제시하며
판사에게 피고인의 범죄를 증명해야 하고,
변호인은 이를 반박해야 합니다.

판사는 양측의 주장을 듣고 죄가 있는지 없는지를 따지죠.

판사의 판결로 범죄가 입증되면
피고인은 교도소로 가서 벌을 받아야 합니다.

정리하면 **민사**는 개인 간의 다툼을 해결하는 재판,
형사는 범죄행위를 처벌하기 위해 심판하는 재판입니다.
참고로 원고와 피고는 민사재판에서만,
피고인과 변호인은 형사재판에서만 쓴다는 사실도 알아두세요.
이제 민사와 형사의 차이를 아셨나요?

구형과 선고, 무엇이 다를까?

얼마 전 TV를 보던 알쏭이와 달쏭이는 다음과 같은 뉴스를 보았습니다.

"검찰, 살인을 저지른 피의자에게 사형 구형"

그런데 오늘 TV를 보던 알쏭이와 달쏭이는 그 뉴스가 조금 달라진 걸 알게 되었는데요.

"법원, 살인을 저지른 피의자에게 징역 15년 선고"

지난번에 사형이 구형되었는데 왜 15년 선고로 바뀌었을까요? 지구의 법에 대해 관심이 없고 지식도 없는 알쏭이와 달쏭이는 정말 헷갈리네요.

혹시 구형과 선고란 말이 뭔가 다른 걸까요?

구형과 선고, 어떤 차이가 있을까요?

 求刑 구할구 형벌형   宣告 베풀선 고할고

구형은 재판에서 검사가 하는 것으로 '형벌을 요구한다'는 뜻을 가지고 있습니다. 판결을 하는 판사에게 이 정도의 형량을 피고인에게 내려달라고 요구하는 것입니다. 단지 요구하는 것이기 때문에 어디까지나 의견에 불과하죠.

반면 **선고**는 재판을 담당하는 판사가 내리는 것으로 '선언하여 널리 알린다'라는 뜻을 가지고 있습니다. 선고가 내려지면 피고인이 죄가 있는지 없는지, 형량은 얼마나 되는지 결정됩니다. 선고가 진짜 재판의 결말인 셈이지요. 구형은 사건의 규모를 알 수 있게 하지만 자칫 잘못하면 선고와 혼동할 수 있습니다.

실제로 일반인은 TV에 나오는 구형 보도만 보고 피고인이 실형을 받은 줄로 착각하는 경우가 많습니다. 이 때문에 당사자는 본의 아니게 범죄자로 몰리는 억울한 일을 당하기도 합니다.

우리나라는 공정한 재판을 통해 억울한 사람이 생기지 않도록 하기 위해 한 사건에 대해 세 번의 재판을 받는 '삼심제'를 운영하고 있습니다. 그래서 모든 재판을 다 받으려면 오랜 시간이 걸리죠.
그렇기 때문에 선고가 확정되기 전까지 피고는 범죄자 취급을 받아서는 안 됩니다. 이것이 바로 '무죄추정의 원칙'입니다. 검사의 구형만 가지고 피고를 죄인으로 생각하면 안 되는 것입니다.

정리하면 구형은 검사가 형벌을 요구하는 것으로 법적 효력이 없고, 선고는 판사가 형벌을 결정하는 것으로 실제 효력이 있는 것입니다. 구형과 선고, 이제 그 차이를 아셨나요?

34

상속 빚을 피하는 방법?

여러분, 가족이 사망하여 받는 상속재산에는 이익 뿐만 아니라
빚도 포함되어 있다는 사실을 아시나요?

상속은 피상속인의 권리와 의무를 모두 받는 것이기 때문이죠.

실제로 어떤 상속인은 피상속인인 아버지가 만든
빚만 물려받는 경우도 많은데요.

이렇게 되면 상속인은 어떻게 해야 할까요?
억울하지만 빚을 떠안아야 할까요?

상속인이 되면 세 가지 중 하나를 선택할 수 있습니다.

단순승인은 피상속인의 상속재산을 그대로 받는 것입니다.
보통 재산이 빚보다 많으면 단순승인을 하게 되죠.

상속포기는 문자 그대로 상속을 완전히 포기하는 것입니다.
이렇게 되면 상속인은 피상속인의 빚을 갚지 않아도 됩니다.
빚이 많은 집안에서는 당연히 상속포기를 하겠죠.

하지만 상속포기를 하는 순간 피상속인의 재산은 남의 것이나
마찬가지가 되므로 함부로 사용하거나 처분할 수 없습니다.

그리고 1순위 상속인이 상속포기를 하게 되면
피상속인의 빚은 2순위, 3순위로 넘어가게 되기 때문에
모든 순위의 상속인이 함께 상속포기를 해야 합니다.

그렇지 않으면 다음 순위의 상속인이
공연한 피해를 볼 수 있겠죠.

또한 그 과정에서 어쩔 수 없이 부모님의 빚을
주변 사람들에게 알리는 불편한 결과를 낳기도 합니다.

한정 승인
일정한 범위 안에서만 상속을 받는다

한정승인은 상속을 받되 한정된 범위 안에서만
채무를 갚는 것으로 상속인이 받은 재산의 한도 내에서
피상속인의 빚을 갚는 것을 말합니다.

한정승인은 피상속인의 재산상태를 확실히 모르는 경우,
즉 재산이 많은지 빚이 많은지 확실히 모르는
경우에 할 수 있습니다.

한정상속은 빚이 다음 순위로 넘어가지 않기 때문에
후순위 상속인에게 부담을 주지 않는 장점이 있는데요.

대신 피상속인의 재산 내에서 빚을 갚는 것이기 때문에
피상속인의 재산을 정확히 조사해야 합니다.

또한 빚을 받을 채권자들에게 그 과정을 알리고
세금도 내야 하는 등 절차가 복잡하고
처리 기간이 길다는 단점이 있습니다.

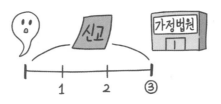

한정상속과 상속포기는 상속개시일부터 **3개월 이내**에
가정법원에 신고해야 하는데요.

만약 기한을 넘기게 되면 단순승인으로 처리되어
불이익을 받을 수 있습니다.

정리하면 상속은 재산과 빚을 함께 받는 것으로
피상속인이 남긴 빚을 갚지 않으려면
상속자가 되지 않는 상속포기신고를 하거나,
피상속인의 재산 내에서 빚을 갚는 한정승인신고를 해야 합니다.

35

판사와 검사, 변호사는
어떻게 다른가요?

태어나서 한 번도 법원을 가 본 적이 없는 알쏭이와 달쏭이는
재판을 드라마로 배우고 있는데요.

판사를 가운데에 두고
검사와 변호사가 대립하는 장면은 정말 흥미진진합니다.

그런데 어떤 재판은 검사가 나오고,
어떤 재판은 변호사들만 나오는데 그건 왜 그런가요?

그리고 변호사는 왜 검정색 옷을 안 입고
정장을 입는 걸까요?

법원은 사법부의 기관으로 법에 의하여 재판을 하는 곳입니다.

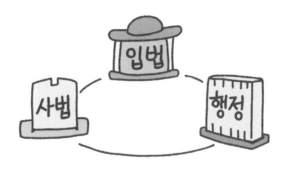

사법부는 나라의 살림을 맡는 행정부,
법률을 만드는 입법부와 함께 국가권력의 집중과 남용을 막는
삼권분립의 원리를 지키고 있지요.

법원에는 다양한 사람들이 일을 하고 있는데요.
그중에서 가장 알려진 직업이 판사, 검사, 변호사입니다.
이들은 각각 소속과 하는 일이 다릅니다.

判 事
판가름할 **판** 일 **사**
재판에 관한 일을
하는 사람

판사는 사법부에서 일하는 공무원으로
재판을 주관하고 검사와 변호인 양측의 의견을 들은 후
판결을 내리는 사람입니다.

TV에 나오는 판사는 위엄 있는 모습으로
법봉을 땅땅 두드리며 판결을 하는데요,
실제로는 법봉을 사용하지 않는다고 합니다.

사법부는 권위주의에서 벗어나자는 취지에서
1966년부터 사용하지 않는다고 합니다.
반면 국회에서는 의사봉이 있습니다.
참고로 의사봉을 두드리는 것 자체는 아무런
법적 효력이 없다고 하네요.

검사는 행정부에서 일하는 공무원으로
법무부 산하 검찰청에 소속되어 있습니다.

檢 事
검사할 검 일 사
범죄를 수사하고 법원의
심판을 받도록 하는 사람

검사는 범죄를 수사하고 재판이 열리도록 공소를 하며,
재판에 참석하여 피고의 범죄사실을 밝혀
벌을 받도록 요청하는 역할을 합니다.

辯 護 士
말 잘할 변 보호할 호 선비 사
의뢰인이 유리하도록 말을 잘하여
보호하고 도와주는 사람

변호사는 민간인 신분으로 재판에서 의뢰인을 대신해
소송을 제기하거나 변호하는 역할을 합니다.

판사, 검사가 입는 검정색 옷은 법복이라고 하는데요.
국가공무원이기 때문에 법복을 입습니다.
반면 변호사는 민간인이기 때문에 법복이 아니라 정장을 입죠.

그럼 검사가 나오는 재판이 있고,
변호사들만 나오는 재판이 있는 까닭은 무엇인가요?

재판은 사람들의 시시비비를 가리는 **민사재판**과
범죄여부를 따져 벌을 내리는 **형사재판**이 있는데요.

검사는 형사재판에 원고측으로 나오고,
민사재판에선 양측에서 변호사가 나오는 것입니다.

정리하면 판사는 사법부 소속으로 재판을 주관·판결을 합니다.
검사는 행정부 소속으로 범죄를 수사해 재판을 열게 하여
범죄자에게 합당한 벌을 내리도록 합니다.
변호사는 민간인 신분으로 피고인이
억울한 일을 당하지 않도록 변호하는 일을 맡습니다.

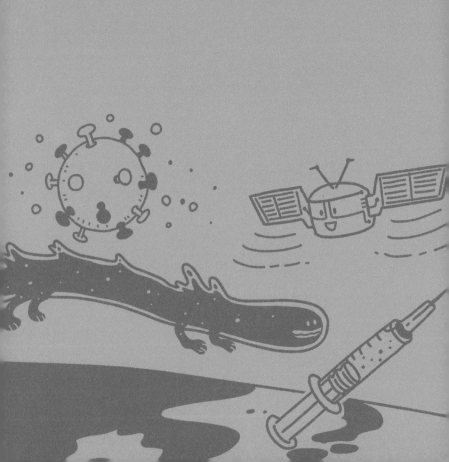

36

세균과 바이러스,
어떤 차이가 있을까?

코로나19의 확산으로 감염병에 대한
경각심이 더욱 커지고 있습니다.

감염병에 걸리지 않으려면
그 원인인 감염원에 접촉하지 말아야 하는데요.

이를 위해 30초 손씻기와 마스크 착용이 생활화되고 있습니다.

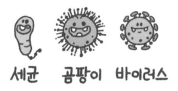

세균   곰팡이 바이러스

질병에 걸리는 대표적인 감염원은 세균과 바이러스가 있는데요.

코로나19
SARS-CoV-2 감염에 의한 호흡기 증후군

코로나19도 '**코로나**'라는 이름을 가진
바이러스가 병의 원인입니다.

그런데 세균과 바이러스는 어떤 차이가 있을까요?

일상생활에서 흔하게 쓰는 말이긴 한데
막상 둘이 어떤 차이가 있는지 헷갈립니다.

자, 그럼 둘의 차이를 알아봅시다.

細菌
가늘 세 미생물 균

먼저 세균은 **'아주 작은 곰팡이'**란 뜻을 가지고 있는데요.

생물계의 한 부분을 차지하는 **엄연한 생물**입니다.

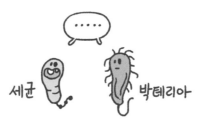

세균   박테리아

가끔 세균과 박테리아를 혼동하시는 분도 계시는데요,

세균 = 박테리아

세균이 박테리아니까 헷갈리지 마세요!

세균을 막연히 병균으로만 생각할 수 있는데요,
그렇지는 않습니다.

여러분이 많이 들어본 탄저균, 비브리오균, 결핵균,
한센병균 등은 무시무시한 병원성 세균이지만

요구르트를 만들고 장에 도움이 되는 유산균과 같이
인간에게 도움이 되는 세균도 있다는 걸 잊지 말아야겠죠.

세균으로 인한 질병을 퇴치하기 위해서는 항생제가 필요한데요.
일부는 백신도 개발되어 치료에 도움이 되고 있습니다.

VIRUS
라틴어로 '독'이란 뜻에서 유래

그럼 바이러스는 뭘까요?
바이러스는 숙주라고 부르는
다른 생명체에 붙어서만 활동을 하는 특이한 존재입니다.

바이러스는 일반적인 세포구조를 가지고 있지 않고
간단한 구조로 이루어져 있는데요.

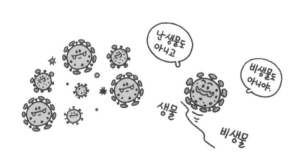

생명체가 없으면 활동할 수가 없지만
일단 생명체 안에 들어오면
생명체와 비슷한 활동을 하기 때문에
생물과 비생물의 중간 존재로 보고 있습니다.

바이러스는 세균보다 훨씬 작아 일반 현미경으로는 볼 수 없고
전자현미경으로만 관찰이 가능합니다.

SARS, MERS, EHF, COVID-19

바이러스로 인한 질병은
사스, 메르스, 에볼라출혈열, 코로나19 등인데요,
바이러스의 변이가 빨라
치료제와 백신을 만들기 쉽지 않다고 합니다.

세균

생물
스스로 번식 가능
항생제, 백신
치료 가능

바이러스

생물과 비생물의
중간 존재
숙주가 있어야
번식 가능
변이가 빨라
치료제 개발 어려움

정리하면
세균은 원핵 미생물로 스스로 번식이 가능하며
항생제와 백신으로 치료 가능하고,
바이러스는 생물과 비생물의 중간 존재로
숙주가 있어야 번식이 가능하고 변이가 빨라
치료제 개발이 쉽지 않습니다.
세균과 바이러스, 이제 그 차이를 아셨나요?

37

인덕션은 왜
안 뜨거운 걸까?

요즘 잘 팔리고 있는 가전제품 중에 인덕션이 있죠.

전기 레인지의 한 종류인 인덕션은
불을 사용하지 않아 안전하고,

가스 열기와 불쾌한 냄새가 발생하지 않아
많은 분들이 선호하고 있죠.

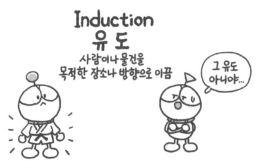

그런데 여러분은 **'인덕션'**이 어떤 뜻인지 찾아보셨나요?
인덕션은 우리말로 **'유도(誘導)'**란 뜻인데요.
'사람이나 물건을 목적한 장소나 방향으로 이끈다'는 뜻입니다.

가전제품에 왜 이렇게 어려운 말을 쓴 걸까요?

또 인덕션을 사용해보신 분들은
제품 자체에 **열이 전혀 없다**는 사실을 알고 계실 텐데요.

어떻게 본체에는 열이 나지 않는데
그 위에 올려진 냄비는 펄펄 끓을 수 있는 걸까요?

인덕션은 가전제품이기 때문에 당연히 전기를 사용합니다.

하이라이트(라디언트)
전기레인지

오오옷!

인덕션 이전의 전기레인지는 주로
전기의 힘으로 열을 발생시키는 하이라이트 방식이었는데요.

가스레인지보다는 안전했지만
역시 열을 발생시키기 때문에 위험이 없는 것은 아니었죠.

자기장

그럼 인덕션은 어떻게 냄비를 뜨겁게 만들까요?
그 답은 바로 **'자기장'**입니다.

인덕션은 전기를 이용해 강한 자기장을 만들어냅니다.

자기장은 열이 아니기 때문에
냄비가 없다면 아무 일도 일어나지 않습니다.

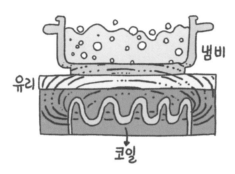

그런데 유리판을 타고 올라온 이 자기장이 냄비에 들어가면
냄비 속에서 전류가 발생하는데요.
이것을 '**유도 전류**'라고 합니다.
냄비 속에서 전류가 발생하면 신기하게도 열이 발생합니다.

이는 유도전류를 거부하려고
냄비 속에서 저항이 일어나기 때문이라네요.
이 현상을 '**유도가열**'이라고 하지요.

이처럼 유도가열이라는 방식을 이용해 조리를 하는
제품이기 때문에 인덕션 레인지라고 하는 거랍니다.

이렇게 신기한 인덕션 레인지는 한 가지 단점도 있는데요.
유도가열이 되지 않는 재질은 사용할 수 없다는 것입니다.
그래서 인덕션 레인지를 사용하려면
주방기구도 인덕션 전용인지 꼭 확인해야 하지요.

재미있는 건 쇠냄비라고 생각했던
라면 냄비는 사용할 수 없고,
도자기같이 보이는 법랑 제품은 사용이 가능하다는 것입니다.

그 이유는 라면 냄비는 사실 알루미늄으로 만든 것이고
법랑은 철 표면에 유리질을 얇게 입힌 제품이기 때문이라네요.
자 이제 인덕션에 대한 궁금증, 많이 풀리셨나요?

38

내비게이션은 어떻게
나의 위치를 아는 걸까?

자동차를 타고 여행을 떠날 때 꼭 필요한 것이 있죠?

바로 길을 찾아주는 내비게이션인데요.

길을 잘 못 찾는 길치라도 내비게이션만 있으면
걱정 없이 목적지에 도착할 수 있습니다.

그런데 내비게이션은 GPS라는 장치로
내 위치를 정확하게 알려준다는데요.

GPS는 어떤 원리로 나의 위치를 알려주는 걸까요?

GPS

Global Positioning System
지구전체   위치찾기   체계

GPS는 **'전지구 위치결정 시스템'**이라는 뜻인데요.

인공위성과 수신기를 이용하여 내 위치를 찾는
위성항법시스템의 일종입니다.

GPS는 원래 미국에서 **군사용**으로 만든 것인데요,

1995년 민간에게 개방되어 지금은 전 세계 사람들이
무료로 이용하는 서비스가 되었습니다,

개인이 GPS를 이용하려면 GPS수신기가 필요한데요.

현재 판매되는 내비게이션과 스마트폰에는
GPS 수신기가 기본으로 들어 있습니다.

이 수신기는 인공위성에서 발사하는
전파를 수신하여 내 위치를 찾는데요.
어떻게 인공위성으로 내 위치를 알 수 있을까요?

지구 주위를 24시간 도는 위성들은
끊임없이 지구에 전파를 보냅니다.

이 전파를 수신해 속도와 시간을 계산하면
나와 인공위성간의 거리를 알 수 있죠.

그런데 지구상의 내 위치를 계산하려면
3개의 위성이 필요한데요.

여기에 정확한 시간을 계산하는
1개의 위성이 더 있어야 하기 때문에,

최소 4개의 위성이 있어야
자신의 위치를 정확하게 알 수 있게 됩니다.

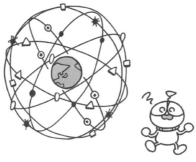

실제로 GPS는 수십 개의 위성이 6개의 궤도를 돌며
사람들의 위치를 정확하게 계산해주고 있습니다.

한 가지 알아두어야 할 것은
GPS가 세계에서 유일한 표준이 아니라는 것입니다.

위성항법시스템은 미국의 GPS 외에도
러시아의 **글로나스(GLONASS)**,
중국의 베이더우(北斗),
유럽연합의 **갈릴레오(Galileo)** 등이 있다고 합니다.

이제 GPS는 생활에 꼭 필요한 서비스가 되었는데요.
만약에 GPS가 유료로 바뀌거나
문제가 발생한다면 큰 혼란이 오겠죠.

그래서 우리나라도 이러한 상황을 대비하기 위해
독자적인 위성항법 시스템을 준비하고 있다고 합니다.
정리하면, GPS는 인공위성과 수신기를 이용해
지구상에서 자신의 위치를 찾는 위성항법시스템입니다.

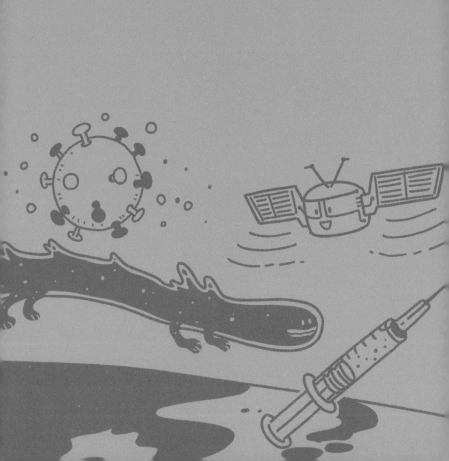

39

백신과 치료제,
어떻게 다른 걸까?

지금 전 세계는 코로나19와 치열한 전쟁을 벌이고 있습니다.

지금까지 우리나라를 비롯한 여러 나라에서
다양한 백신과 치료제가 개발되었는데요.

뉴스만 보면 백신과 치료제가 어떤 차이인지 헷갈리게 됩니다.

둘 중에서 어떤 걸 맞아야 코로나19를 이길 수 있을까요?
설마 둘 다 맞아야 하는 건 아니겠죠?

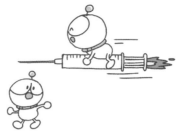

백신과 치료제의 차이,
이번 기회에 알아보도록 하겠습니다.

백신은 병에 걸리지 않은 건강한 사람이 맞는 예방약입니다.

우리 몸에는 외부에서 들어온 병원체를 스스로 막아내는
면역체계가 있습니다.

병원체가 일단 우리 몸에 들어오면
백혈구가 병원체와 싸우게 되는데요.

한 번 병원체와 싸워 이기고 나면 그 병원체의
약점을 알게 되고, 이와 맞서 싸울 수 있는 항체가 생기는데요,
이렇게 되면 다음에 같은 병원체가 들어와도
쉽게 막을 수 있습니다.

이것을 **면역**이라고 하죠.

백신은 이런 우리 몸의 면역반응을 응용해
병원체를 가공하여 죽거나 약하게 만든 약품인데요.

백신이 우리 몸에 들어오면 면역체계는
진짜 적이 아닌 가공된 병원체와 훈련할 수 있기 때문에
우리 몸은 안전하게 병원체에 대항할 면역을 만들 수 있죠.

에드워드 제너
1796년 우두법

1796년 영국 의사 에드워드 제너가 천연두 백신을 개발한 이래
백신은 인류 역사를 크게 바꾸어놓았는데요.

옛날에는 고칠 수 없었던 무서운 병들을
이제는 백신 하나로 예방할 수 있게 되었습니다.

이에 비해 치료제는 병에 걸린 환자에게 사용하는 약입니다.

병원체가 우리 몸의 면역체계를 뚫으면 병에 걸리게 되는데요.
병원체의 성질에 따라 갖가지 아픈 증상이 나타나게 됩니다.

치료제는 이럴 때 외부에서 투입되는 특수부대와 같은 것으로
병원체를 물리치고 증상을 완화시키는 목적을 가지고 있습니다.

넓게 보면 우리가 약국에서 보는 수많은 약들이
치료제라고 할 수 있는데요.

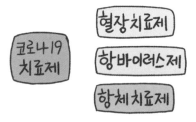

코로나19의 경우에는 혈장치료제와 항바이러스제,
항체치료제가 주목을 받고 있습니다.

혈장치료제는 완치된 환자의 혈장에서 항체를 뽑아내 만드는
약품인데요, 완치자의 혈장에 의존해야 하기 때문에
대량생산은 어렵습니다.

항바이러스제는 바이러스가 복제되지 못하게 하여
증식을 막거나 침투를 막는 역할을 하는 약품입니다.

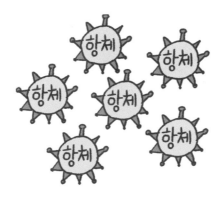

항체치료제는 항체를 인공적으로 만들어
대량으로 만들어낼 수 있는 약품입니다.

정리하면
백신은 건강한 사람이 미리 맞는 예방약이고,
치료제는 병이 낫도록 도와주는 약입니다.

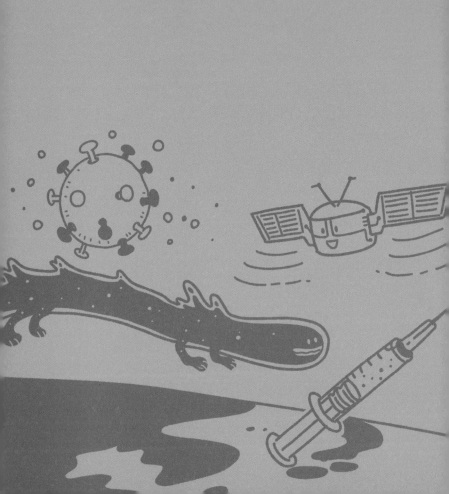

40

메모리 반도체와
비메모리 반도체,
차이가 뭘까?

우리나라는 세계가 알아주는 반도체 강국이죠.

반도체는 컴퓨터, 인터넷, 인공지능, 로봇 기술에
빠질 수 없는 핵심 부품이기 때문에 앞으로도 반도체 시장은
점점 더 커질 것으로 보고 있습니다.

그런데 반도체 뉴스를 접하다 보면 메모리 반도체와
비메모리 반도체란 단어를 많이 볼 수 있는데요.

이 둘은 어떤 차이가 있을까요?

메모리 반도체는 정보저장을 목적으로 하는 반도체입니다.
작업을 할 때 정보저장은 꼭 필요한 작업인데요.
메모리반도체는 그 일을 하는 것이죠.

그런데 메모리반도체는 다시 두 가지로 나뉘어지는데요.
전원이 꺼지면 저장된 내용이 사라지는 **휘발성 메모리**와
전원이 꺼져도 저장내용이 보존되는 **비휘발성 메모리**가 있습니다.

왜 메모리 반도체를 이렇게 나누어 놓았을까요?
그것은 정보를 처리하는 용도가 다르기 때문인데요.
예를 들어볼까요?

학생이 책꽂이에 있는 교과서를 꺼내 공부를 한다고 합시다.

그런데 책꽂이만 있다면 필요한 책이 있을 때마다
책을 꺼내야 하기 때문에 시간도 많이 걸리고 상당히 불편하겠죠.

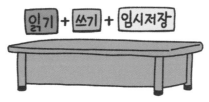

그래서 필요한 것이 바로 책을 올려놓을 수 있는 책상인데요.

이렇게 하면 책을 한꺼번에 꺼내놓을 수 있으니 공부도 잘되고
시간도 절약되겠죠? 이 책상이 바로 **휘발성 메모리**입니다.

그런 후에 공부가 끝나면 책을 다시 책꽂이에 넣는데요.
이 책꽂이가 바로 **비휘발성 메모리**인 것이죠.

현재 휘발성메모리의 대표는 **디램**,
비휘발성 메모리의 대표는 **낸드플래시**인데요.

디램은 컴퓨터와 모바일기기에 부품으로 들어가 있고,
낸드플래시는 우리가 잘 아는 USB와 SSD로 사용되고 있습니다.

우리나라에서 생산되는 메모리 반도체는
현재 전 세계 시장에서 절반 이상을 차지하며
수출 경제의 견인차 역할을 하고 있습니다.

그렇다면 비메모리 반도체는 무엇일까요?
비메모리라고 하면 저장하지 않는 반도체란 뜻인데요.
그럼 저장하지 않으면 뭘 할까요?

비메모리 반도체는 생각을 하는 반도체,
다시 말해 정보처리를 하는 반도체입니다.

비메모리 반도체

앞서 예를 들었던 공부하는 학생의 역할이 바로
비메모리 반도체인 것이죠.

비메모리 반도체는 시스템 반도체라고도 불리는데요.
컴퓨터의 중앙처리장치(CPU), 모바일 중앙처리장치(AP) 등
각종 전자기기에 필수적으로 들어갑니다.

비메모리 반도체는 그 수요가 아주 많아
전 세계 반도체 시장에서 70% 이상을 차지하고 있다고 합니다.
따라서 우리나라 반도체기업들도 많은 관심을 가지는 분야죠.

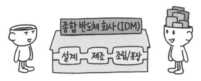

메모리 반도체는 구조가 단순하고 품종이 많지 않아 설계에서
생산까지 한 업체가 맡아 대량생산을 할 수 있습니다.

그러나 비메모리 반도체는 고도의 설계기술이 필요하고
제품 종류가 매우 다양하기 때문에 여러 업체가 함께
역할을 나누어 생산을 하는 것이 유리합니다.

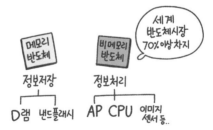

정리하면 메모리 반도체는 정보 저장이 목적인 반도체로
임시 저장되는 휘발성 디램과
장기 저장되는 비휘발성 낸드플래시로 나뉩니다.
비메모리 반도체는 정보 처리가 목적인 반도체입니다.

에필로그

오랜 기간 동안 지식 교양 콘텐츠를 제작하면서
평범한 사람들은 전문적인 지식보다 일상을 채워주는
'상식'을 원한다는 것을 알게 되었습니다.

그래서 저는 자연스럽게 **'무지와 지혜를 연결하는 징검다리 역할'**을 하는 것이
제 인생의 목표가 되었습니다.
그 노력의 결정체가 바로 **〈3분 차이〉**입니다.

〈3분 차이〉 콘텐츠를 만들면서 꼭 지키려고 하는 저만의 약속이 있는데요.
바로 '최대한 쉽게 설명하기'와 '전문용어 안 쓰기'입니다.
궁금증을 해결하려고 들어왔는데 더 많은 궁금증만 남는다면 안 되겠지요?
영상을 만들기 위해서 매일 수많은 자료를 찾아보지만,
참고 자료를 보여 드리지 않는 이유도 그걸 보고
머리가 복잡해질 독자를 배려하기 위함입니다.

〈3분 차이〉는 정치, 경제, 사회, 문화, 역사 등 다양한 방면에 관심이 있습니다.
워낙 범위가 넓어 채널도 거북이처럼 성장하고 있지만
지치지 않고 꾸준하게 전진하겠습니다.

앞으로 〈3분 차이〉 2권, 3권이 나올 수 있도록
여러분의 많은 관심을 부탁드립니다.
감사합니다.

후다닥 올림♡